Amir Shaheen

Ich bin kein Ausländer, ich heiße nur so

sujet verlag

CIP - Titelaufnahme in die Deutsche Nationalbibliothek
© 2020 by Sujet Verlag

Amir Shaheen
Ich bin kein Ausländer, ich heiße nur so
ISBN: 978-3-96202-060-6

Lektorat: Gerrit Wustmann
Korrektorat: Marie Steinhoff
Umschlaggestaltung: Tarlan Mirshekari
Layout: Linda Volk
Druckvorstufe: Sujet Verlag, Bremen
Printed in Europe
1. Auflage: 2020
2. Auflafe: 2021
3. Auflage: 2022
4. Auflage: 2024

www.sujet-verlag.de

Inhaltsverzeichnis

Das ABC ist äußerst wichtig,
Im Telefonbuch steht es richtig.
Joachim Ringelnatz

»Name?«
»Kemal Kayankaya.«
»Können Sie buchstabieren?«
»Das meiste schon. Nur bei Fremdwörtern hapert's manchmal.«
Jakob Arjouni: *Ein Mann, ein Mord* (1991)

Migrationskäse

„Shaheen. Guten Tag."

„Marktforschung Krüger, mein Name ist Miriam Kleine-Holtzberg. Spreche ich mit Herrn… Ahh-miier… Scha-hien?"

„Worum geht's denn?

„Herr Schahien, Sie wurden gezielt ausgewählt. Wir führen eine Studie im Auftrag unseres Kunden durch. Ich würde Sie gerne zu einem Interview einladen."

„Wozu?"

„Zum Thema Frischkäse."

„Also, bitte!"

„Wir zahlen Ihnen selbstverständlich eine Aufwandsentschädigung. Hätten Sie am kommenden Donnerstagnachmittag Zeit? Das wäre wunderbar. Wie gesagt, Sie wurden gezielt ausgewählt. Sie haben ja einen Migrationshintergrund."

„Was? Nein, habe ich nicht!"

„Donnerstag nicht? Es ginge auch Freitag. Haben Sie da Zeit?"

„Nein, auch nicht! Weder noch. Alles nicht, gar nichts davon. Auf Wiederhören."

Türkisch für Nicht-Araber (1)

Sayın Hastalarımız!
Was?
Sayın Hastalarımız! – Das ist Türkisch.
Ich war noch nie Türke.
Ich war auch noch nie zur Kur.
Jetzt bin ich beides.

Kur heißt heute Reha. Die Klinik, die ich zu diesem Zweck aufsuchen soll, tut sich offenbar schwer mit meiner Nationalität. Wie überhaupt mit meiner Identität und meiner Sprachkompetenz. Und überdies auch mit meinen Ernährungsgewohnheiten. Eigentlich hatte ich erwartet, sämtliche diesbezüglichen Unklarheiten längst ausgeräumt zu haben.
Einige Wochen vor meinem geplanten Reha-Aufenthalt hatte ich bereits einen ganzen Stoß Unterlagen per Post bekommen. „Sayın Hastalarımız", wurde ich freundlich begrüßt. Auf Türkisch.

„Sehr geehrter Rehabilitand, um Ihnen eine möglichst ungehinderte Aufnahme in unsere Klinik bieten zu können, ist es für uns wichtig zu wissen, wie gut Sie die deutsche Sprache verstehen bzw. sprechen."

Ah ja.

„Sizler için Almanca dilinde bir tedavi mümkün olabilir mi? – Kann eine Therapie in deutscher Sprache erfolgen?"

Sayın Hastalarımız? Therapie in deutscher Sprache? Was soll der Quatsch?, dachte ich. Und wäre diesem Schreiben nicht auch eine deutsche Übersetzung beigefügt gewesen, hätte ich seinen Inhalt, der mir freundlicherweise in einer irrtümlich unterstellten Muttersprache nahegebracht wurde, gar nicht zur Kenntnis nehmen können. So aber erfuhr ich, dass ich gebeten wurde, die Frage per Kreuzchen im Kästchen mit „Evet" oder „Hayır", Ja oder Nein zu beantworten.

So viel Entgegenkommen muss man anerkennen.

Ich halte es wirklich für eine sehr vorausschauende, fürsorgliche Maßnahme, Menschen, deren Muttersprache nicht die deutsche ist, komplexere Inhalte auf diese Weise zu vermitteln. Was nur leider in meinem Fall völlig unsinnig ist, so dass ich mich überhaupt nicht angesprochen fühlte und im Gegenteil annahm, diese Post sei fälschlicherweise an mich versandt worden. Ich war schon im Begriff, den umfangreichen Stapel Papiere vollständig und ungelesen dem Altpapier zu übereignen, da erfasste ich ein weiteres Formblatt. Und das ließ mich zögern. Denn mit diesem wurde ich gebeten, vorab ein „Yedi-Günlük-Gida tüketim protokolü" zu erstellen – ein „Sieben-Tage-Verzehrprotokoll", wie ich lernen durfte, nachdem ich das Blatt mit dem deutschen Text gefunden hatte. Wozu das in meinem Falle überhaupt nötig sein sollte, war mir nicht klar. Ich bin weder übergewichtig noch habe ich Bluthochdruck oder Herz-Kreislauf-Probleme oder dergleichen.

Der Grund meines Aufenthalts in der Einrichtung war kein letaler, gleichwohl ein nicht wenig peinsamer. Seit etlichen Monaten, ja nunmehr sogar fast zwei Jahren, quälten mich anhaltende Schmerzen im rechten Arm und der rechten Schulter, schwerwiegende andauernde Verspannungen im Nackenbereich und, vermutlich daraus resultierend, ein diffuser Erschöpfungszustand. Der in dieser Angelegenheit bereits vor über einem Jahr von mir aufgesuchte Orthopäde – der einzige, bei dem nach überschaubarer Wartezeit überhaupt ein Termin zu bekommen gewesen war – hatte mir daher, nach zunächst bescheinigter cervicaler Blockierung und cervicalem Wurzelsyndrom, alle möglichen ungebührlichen und seiner Ansicht nach meinem Alter nicht mehr angemessenen Bewegungen per Hand vollständig untersagt. Dazu zählte er insbesondere das Hantieren mit Schraubenziehern aller Art.

„In Ihrem Alter nur noch Akkuschrauber!", hatte er barsch befohlen. Außerdem hatte er eine orthopädische Schiene verordnet und strikt angeordnet, diese ab sofort immer zu tragen.

„Ich sitze aber doch meist am Rechner", hatte ich protestiert.

„Eben drum! Auch da Schiene! Immer."

Da das überhaupt nichts brachte, suchte ich schließlich auch meinen Zahnarzt auf, um festzustellen, ob ich mir womöglich in intensiven Nachtschichten meine übervollen Tage erneut durch den Kopf gehen ließ und mittels eifriger Beißarbeit zu verdaubaren Brocken zu zerkleinern suchte. Das Ergebnis war eindeutig höchst unbefriedigend: Für eine intensive Knirsch- oder Beißtätigkeit gebe mein Gebiss keinerlei Hinweis, aber eine Aufbissschiene könne nicht schaden, die zahle ohnehin die Kasse, Kosten entstünden mir somit keine. Wenn's nichts kostet…

Ich bekam also eine Schiene, trug sie selbstverständlich einige Wochen, nur um festzustellen, dass ich mit Schiene mitunter deutlich verspannter aufwachte als ohne, und ließ sie fortan in ihrer blauen Plastikbox im Badezimmer.

Geschient – rechter Arm, nicht der Kiefer –, aber mich selbst offenbar nicht geschont, war ich nach etlichen Selbstversuchen mit Heiz- und Kirschkernkissen, Schmerzgels und Wärmesalben, mehrmaligem Austausch meiner Kopfkissen und wild wuchernden Theorien bezüglich Zugluft, falscher Haltung am Schreibtisch, beim Sitzen und Liegen und allerlei wohlmeinenden, aber nicht zielführenden, sprich Linderung herbeiführenden Tipps erneut beim Orthopäden vorstellig geworden. Dieser Besuch brachte mir immerhin eine „ärztliche Verordnung für Rehabilitationssport/Funktionstraining" mit dem Ziel „Schmerzreduktion und Erhalt der Beweglichkeit" ein.

Außerdem war ich auf Anraten eines Bekannten schließlich entnervt im örtlichen Büro der Rentenversicherung vorstellig geworden. Eine freundliche und mir außerordentlich wohlgesonnene Mitarbeiterin war sodann überaus hilfsbereit und letztendlich maßgeblich dafür verantwortlich, dass sich mir die Türen zur Reha und dieser Klinik überhaupt geöffnet hatten, die für mich ohne ihre Expertise und wohlwollende Beurteilung vermutlich fest verschlossen geblieben wären.

Tatsächlich war wohl meine körperliche Unversehrtheit akut gefährdet, wie ich aus einem Magazin der Rentenversicherung lernen durfte. Nach wissenschaftlichen Erkenntnissen sind angeblich nur die wenigsten Menschen dazu in der Lage, länger als drei Stunden ohne Unterbrechung konzentriert am Computer zu sitzen und zu arbeiten. Also dort etwas Sinnvolles zuwege zu bringen.

Die Bundesanstalt für Arbeitssicherheit und Arbeitsmedizin warnt daher eindringlich:

„Bei intensiver Nutzung können statische Körperhaltung, häufige Bewegungswiederholungen und hohe Muskelaktivitäten auftreten, die den Bewegungsapparat belasten können."

Daher wird dringend angeraten, gezielt Pausen einzulegen.

Aha, dachte ich, und fühlte mich irgendwie erwischt. Ich sitze da acht bis zehn Stunden täglich, regelmäßig. Na, dachte ich, dann mache ich halt jetzt mal Pause: fünf Wochen am Stück! Im Grunde hole ich damit aber nur alle versäumten Arbeitsunterbrechungen der letzten zwanzig Jahre nach. Zweck und Ziel meiner Reha waren Therapie und Behebung der Schmerzen. Und vermutlich auch eine nachhaltige Veränderung meines Verhaltens – am Schreibtisch. Nicht am Küchentisch.

Dass offensichtlich nun auch meine Essgewohnheiten ins Visier geraten waren, stieß mir unangenehm auf.

Ein Anruf in der Klinik erschien mir daher sinnvoll. Was ich zur Klärung anderer Fragen übrigens bereits zweimal zuvor getan hatte. Ich nahm daher vorschnell an, ich sei dort schon bekannt.

Ich bekam wieder dieselbe freundliche Stimme an die Strippe: eine Dame vom „Patientenmanagement", die auch den Brief an mich unterschrieben hatte. Ich bedankte mich für die Zusendung der Formulare, buchstabierte ihr, damit sie mich in ihrem System finden konnte, meinen Namen und meinte scherzend:

„Sie haben Glück, dass ich so gut Deutsch kann. Denn mit der türkischen Version habe ich arge Mühe."

„Oh", meinte sie etwas erschrocken, „dann bitte ich um Entschuldigung. Aber Ihr Name…?"

Gespräche, in denen ich die Herkunft meines Namens zu erläutern versuche, nehmen oft den folgenden Verlauf:

„Ihr Name ist…?"

„Arabisch."

„Ach so… Ihre Eltern…?"

„Mein Vater. Mein Vater ist Palästinenser."

Zögerndes Schweigen. In seltenen Fällen geht das Innehalten mit einem verstohlen musternden Blick einher. Je nachdem, mit wem ich es zu tun habe, klingt das für mein Gegenüber offenbar, als hätte ich gesagt: Mein Vater ist Befehlshaber eines Hisbollah-Kommandos im bewaffneten Kampf gegen die Besatzer.

Deshalb füge ich meist hinzu: „In seiner Heimat

nennt man ihn Abu Amir. Nicht Abu Jihad. Er kommt aus Israel."

„Israel! Ah… Ja…?"

„Ja. Eigentlich kommt er aus Palästina. Als er geboren wurde, gab es den Staat Israel noch nicht."

„Verstehe…"

„Er war israelischer Staatsbürger, bevor er nach Deutschland kam."

„Und jetzt ist er…"

„Pensioniert. Er war Beamter."

„Aber er kommt aus Palästina."

„Richtig."

Meist tritt dann eine kurze Pause ein.

„Ist ja schon schlimm da, was man immer so hört."

„Er kommt aber nicht aus dem heutigen autonomen Palästina. Er stammt aus Galiläa. Aus dem Norden Israels."

„Ach was!"

Und dann schnüre ich das Päckchen komplett auf und gebe sämtliche Details preis:

„Mein Vater ist ein Araber aus Israel, ein römisch-katholischer Araber aus Nazareth. Ich stamme aus einer christlichen Familie."

„Ja, das soll es ja auch geben!"

„Das gibt es in der Tat. Meine gesamte Verwandtschaft sind Christen: römisch-katholisch, orthodox, maronitisch, ganz verschiedene Konfessionen, aber alle christlich. Und mein Vater war Lehrer. Er hat Religion unterrichtet, katholische Religion."

Die darauf meist eintretende, geradezu andächtige Stille fülle ich mit der Information:

„Meine Mutter ist Deutsche."

„Dann sind Sie…?"

„Deutscher. Meinetwegen Halbaraber, wenn Ihnen das weiterhilft. Also deutscher Halbaraber mit palästinensischen Wurzeln und Verwandtschaft väterlicherseits in Israel. Cousins, Cousinen, Onkel, Tanten ersten, zweiten, dritten und weiteren Grades in Galiläa, überwiegend in Nazareth."

„Donnerwetter. Und auch noch katholisch!"

„Nein, protestantisch. Aber gewesen. Ich gehöre keiner Kirche mehr an."

Im Telefonat mit der Klinik ersparte ich mir die Auffächerung meiner Biografie und beantwortete lediglich die Frage nach dem Ursprung meines Namens.

„Der ist arabisch."

„Das tut mir aber leid", entfuhr es der Frau vom Patientenmanagement aufrichtig. „Da kann ich Ihnen leider gar nicht helfen. Eine arabische Übersetzung haben wir nicht."

„Das macht doch nichts!", beruhigte ich sie. „Wissen Sie, in meiner Muttersprache ist es für mich immer noch am einfachsten."

Hat sie nicht bemerkt, dass ich in akzentfreiem Deutsch mit ihr rede? Und wenn sie meine Daten im PC aufruft, sieht sie dann nicht, dass ich hier geboren bin?

Immerhin hatte ihr Blick in meine Daten zum Ergebnis, dass ich das Verzehrprotokoll nicht ausfüllen musste. Na also, dachte ich. Und entschied mich dennoch, den ganzen Käse mal besser nicht wegzuwerfen, sondern aufzuheben und auch mitzunehmen in die Klinik. Wer weiß, wofür's gut ist, sicher ist sicher.

Wenige Tage später bekam ich die Hausordnung zugeschickt, zweisprachig, und weitere Informationen, auch die in deutscher und türkischer Sprache, etwa über den im Haus befindlichen sogenannten Sozialdienst. Dessen Aufgabe ist die Betreuung von Patienten hinsichtlich ihrer Wiedereingliederung in den Arbeitsalltag, was sich im Falle eines Freiberuflers weitestgehend erübrigt. Gleichwie, auch dies eine sehr umsichtige, fürsorgliche Maßnahme, fand ich. Stutzig machte mich lediglich der Name des für mich zuständigen Mitarbeiters beim Sozialdienst: Herr Tütüncü.

In der Klinik, so erfuhr ich auf deren Website, arbeite ein türkischstämmiges zweisprachiges Behandlungsteam, das auch mit den kulturellen und sozialen Besonderheiten vertraut sei. Denn durch Sprachprobleme und kulturelle Unterschiede ergäben sich oft Missverständnisse zwischen türkischstämmigen

Migranten und deutschen Therapeuten. Da es aber für jeden Menschen ein elementares Bedürfnis sei, verstanden zu werden, speziell in einem Arzt-Patienten-Verhältnis, habe die Klinik eigens einen Schwerpunkt für türkische Mitbürger eingerichtet.

Das ist lobenswert.
Aber wie ist das, wenn man gar kein Türke ist?
Ob ich mich vorbereiten sollte, um problemlos mit dem Klinikpersonal kommunizieren zu können? Denn durch Sprachprobleme und kulturelle Unterschiede können sich vermutlich auch sehr leicht Missverständnisse zwischen deutschen Patienten und türkischstämmigen Therapeuten ergeben.
Die Volkshochschule in meiner Stadt bietet selbstverständlich Türkischkurse an. Außerdem könnte ich die Sprache auch jederzeit bei einer guten Freundin lernen, die als versierte Lehrerin und Dozentin Unterricht in ihrer Muttersprache erteilt. Vor meiner Abreise war die Zeit dazu natürlich zu knapp.
Aber ich frage mich, ernsthaft und grundsätzlich:
Sollte ich Türkisch lernen?
Dabei spreche ich nicht mal Arabisch…

Kölschsalam –
Warme Worte zur Begrüßung

„'S ahl warm!"
Sagt die Frau auf dem Stuhl rechts neben mir, neigt sich dabei leicht mir zu und strahlt mich an. Kölscher Zungenschlag. Ich nicke.
„'S ahl warm!"
Wiederholt sie und wartet offensichtlich auf eine Bestätigung meinerseits.
Die Fenster sind weit geöffnet, angenehm warme Luft flutet den Raum, in dem der Stuhlkreis sich langsam füllt. Der Frühling ist endlich gekommen, und wir erleben Ende März bereits einen richtigen Sommertag. Ohne jeden Zweifel wunderbares Wetter, der erste heiß zu nennende Tag des Jahres, da blüht man einfach auf.
„Ja", sage ich, „ich find's auch toll, dass es endlich warm ist."
„'S ahl warm!!!"

Insistiert sie. Jetzt, wie mir scheint, geradezu fordernd. Denn sie blickt mich freudestrahlend und voller Erwartung an.

Ich stutze. Lasse mir das eben Vernommene noch einmal durch den Kopf gehen.

Mir dämmert, dass sie mit hoher Wahrscheinlichkeit gar keinen Kommentar zur aktuellen Wetterlage abgegeben hat. Es ist überdies nicht zu überhören und auch nicht mehr zu übersehen, dass dies keine allgemeine unverbindliche Konversationsaufforderung an die versammelte Runde war, um etwa das als unangenehm empfundene Schweigen bis zum Beginn unserer Veranstaltung zu überbrücken, sondern dass einzig und allein ich höchstpersönlich der Adressat ihrer Äußerung bin. Und nicht etwa auch einer der übrigen Anwesenden in dem Seminarraum, in dem wir nun zum zweiten Mal zusammenkommen.

Wenn ich es recht bedenke, klang ihre Äußerung zuletzt auch gar nicht mehr so kölsch. Vermutlich hat sie das auch zuvor schon nicht, ich habe sie bloß automatisch so verstanden. Wobei die voreilig von mir für Kölsch gehaltenen Laute, hätten sie denn die von mir angenommene Aussage transportieren sollen, korrekterweise anders hätten ausgesprochen werden müssen, beispielsweise „wärm" statt „warm". Da bin ich sicher. Das weiß ich:

Wer lang schläf, dä schläf sich wärm, wer fröh opsteit, dä friss sich ärm.

Hm: Et es ahl wärm?
Nee, das war's nicht.

Ihr erwartungsvoll auf mich gerichteter Blick bewirkt nun, dass mein Sprachanalysezentrum vom Hochdeutsch-Kölsch-Verständigungsmodus in den Migrationshintergrund-Obacht-Modus wechselt.
Und so transponiere ich jetzt die von mir fälschlicherweise als verkürzte kölsche Lautfolge „es ahl warm" interpretierte Aussage ins Arabische und entschlüssele sie als:
„Salam!"
„Alarm!", meldet daraufhin augenblicklich mein Hirn.

Fremdsprachliche Kontaktaufnahme durch freundschaftlich gesinnten Mitmenschen erkannt! Fehlidentifikation aufklären! Kosmopolitisch motivierte Verbrüderungsbestrebungen umgehend abwehren! Möglichst ohne Verletzungen. Das bedeutet, jetzt ist mal wieder eine Charmeoffensive vonnöten.
Die Frau kennt meinen Namen. Sie kann ihn offensichtlich geografisch-kulturell verorten und hat daraus meine vermeintliche Herkunft abgeleitet. Jetzt will sie mir, bildlich gesprochen, die Hand reichen. Das ist gut gemeint, wirklich. Und überaus einladend. So wie sie ihre Geste und auch sich selbst versteht, sollte und will ich sie natürlich auf keinen Fall vor den

Kopf stoßen. Etwa, indem ich sage: „Tut mir leid, ich verstehe Sie nicht. Bitte sprechen Sie Deutsch!"

Als eloquenter Sprachhandwerker bin ich zwar nicht gerade auf den Mund gefallen, ich sehe mich aber außerstande, mit polyglotten Menschen wie meinem Gegenüber in eine Konversation einzutreten in der Sprache, die sie für meine Muttersprache halten. Und das ist auch der Grund, warum ich meist etwas länger brauche, bis ich endlich schalte. Ich fühle mich von arabischen oder pseudoarabischen Grußformeln aus deutschem Munde gar nicht angesprochen. Von Persisch oder Türkisch, auch das kommt vor, ganz zu schweigen. Ich beziehe dergleichen überhaupt nicht auf mich. Wieso sollte ich? Ich bin hier nicht im Urlaub. Ich lebe hier!
Wieso mich also deutsche Menschen, die mich zuvor bereits in akzentfreiem Deutsch haben reden hören, in einer anderen als eben dieser Sprache ansprechen oder gar eine Unterhaltung in einer fremden Sprache mit mir beginnen wollen, ist für mich immer noch ungewohnt. Und immer wieder mal auch etwas befremdlich.

Meinen Namen sieht man mir nicht an.
Schon lange nicht mehr. Früher war das anders. Da hatte ich volles dunkles Haar. Damals wäre es zumindest noch nachvollziehbar gewesen, mich in einer

orientalischen Sprache anzusprechen. Aber damals hat das kein Mensch auch nur probiert. Und so blieb es rund vier Jahrzehnte lang. Aber neuerdings...

Zweifellos war auch die Kenntnis orientalischer Sprachen in meiner Heimatstadt einfach nicht verbreitet. Andererseits bestand dort, jedenfalls früher, auch nicht der geringste Zweifel an meiner Identität.

Und einzig basierend auf der Annahme, dass ich für jeden sofort ersichtlich nun wirklich nicht typisch arabisch oder sonstwie fremdländisch aussehe und, sobald ich auch nur „Guten Tag" sage, als Muttersprachler erkannt werden müsste, bildete ich mir lange Zeit ein, ich ginge überall automatisch als Deutscher durch. Und aus diesem Grund blende ich meine Abstammung komplett aus.

Wobei dieses Ausblenden keinesfalls ein bewusster, aktiver Vorgang ist: Ich tue das nicht mit Vorsatz und Absicht – ich denke einfach überhaupt nicht drüber nach. Ich vergesse es schlichtweg. So wie vermutlich jeder andere Mensch sich auch nicht ständig der Herkunft seiner Eltern vergewissert. Es sei denn natürlich, er wird permanent damit konfrontiert, ja geradezu darauf gestoßen.

Für mich begann das, und das zunächst auch eher verhalten, erst in dem Augenblick, als ich meine kleinstädtische Heimat verließ. Wo immer ich mich vorstellte oder fremden Menschen vorgestellt wurde und meinen Namen nannte – und zwar, ich betone das noch einmal: in fehlerfreiem, akzentfreiem, dialektfreiem, also einwandfreiem, wenn nicht gar allerbestem Hochdeutsch – oder Formulare ausfüllen musste, entspann sich immer wieder aufs Neue ein Dialog, den ich im Laufe der Zeit, und zunehmend häufiger insbesondere in den letzten zwei Jahrzehnten, immer amüsierter und zugegebenermaßen mit allergrößtem Vergnügen auch selbst gerne provozierte:

„Wie heißen Sie?"
„Amir Shaheen."
„Wo kommen Sie her?"
„Aus Altena."
„Ich meine: Aus welchem Land?"
„Aus dem Sauerland."

Selbstverständlich beantworte ich sämtliche Fragen zu meiner Biografie immer wahrheitsgemäß. Natürlich weiß ich, was der Fragende eigentlich wissen will. Natürlich ist es völlig logisch und verständlich und auch absolut berechtigt, sich beim Hören meines Namens nach dessen Ursprung zu erkundigen. Völlig legitim und weit entfernt von übertriebener Neugier.
Aber zu folgern, der Träger eines ausländischen, eines arabischen Namens müsse zwangsläufig auch ein entsprechender Muttersprachler, in meinem Falle also Araber, oder aber wenigstens zweisprachig

sein, ist doch arg kurz gesprungen. Das hat mich schon im ausgehenden 20. Jahrhundert immer mal wieder mächtig in Staunen versetzt; heute, mittlerweile bereits kurz vor Beginn der dritten Dekade des 21. Jahrhunderts, ärgert es nachgerade.

Das ist dumm von mir, ich weiß. Ich neige wohl dazu, meine Mitmenschen hierzulande grundsätzlich für aufgeklärter und differenzierter zu halten. Dies allerdings, die Empirie hat mich längst widerlegt, offenbar gänzlich unbegründet. Kaum einer wählt die Formulierung: Woher stammt Ihr Name?

Diejenigen, die sich auf diese Weise bei mir erkundigen, haben in der Regel selbst einen Migrationshintergrund. Wie etwa die sympathische Mitarbeiterin in einem Reisezentrum der Bahn, deren Neugier geweckt wurde, als sie meinen Namen auf der Bahncard las. Ich erklärte es ihr und erzählte ihr dann, dass ich auf die Frage nach meinem vermeintlichen Heimatland mit Sauerland zu antworten pflege. Sie lachte und meinte, sie sage mitunter, sie stamme aus dem Rheinland. Sie war übrigens kurdischer Abstammung. Meine arabischen Wurzeln sehe man mir aber gar nicht an, meinte sie.

Dieser Umstand verleitete offenbar auch einen indisch-pakistanisch aussehenden Mitarbeiter eines Restaurants in Hamburg, offensichtlich keine übliche Service-Kraft, zu einer bedenkenswerten Frage. In dem großen Lokal waren zwar etliche Tische frei, aber alle waren als „Reserviert" gekennzeichnet. Die noch zur Verfügung stehenden Plätze sagten uns nicht zu und wir waren schon im Begriff zu gehen, als er uns zu einem der reservierten Tische führte und uns bat, dort Platz zu nehmen. Als ich ihm später beim Zahlen meine Kreditkarte reichte, las er meinen Namen. Er überlegte einen Moment, gab mir seine Visitenkarte und fragte in perfektem Deutsch: „Sind Sie komplett deutsch?"

„Na, vermutlich genauso wie Sie", meinte ich.

Die Karte wies ihn als Geschäftsführer aus. Sein Vorname war Gurinder, und der Nachname passte exakt zu seinem Äußeren. Aber nicht eine Sekunde wäre ich auf die Idee gekommen, ihn zu fragen, aus welchem Land er kommt.

Dass meine spitzfindigen Antworten auf diese Frage keinerlei Erkenntnis, sondern, ganz im Gegenteil, meist die Wiederholung der Frage, im schlimmsten Falle sogar ein ärgerliches Insistieren zur Folge haben, ist bemerkenswert.

Es ist aber auch wirklich unfassbar! Man weiß ja gar nicht mehr, wo man dran ist, mit all diesen Leuten! Man sollte doch bitteschön erwarten können, dass die Menschen so aussehen und so sprechen wie sie heißen! Oder etwa nicht? Das bringt doch alles durcheinander!

Tja, die Welt ist gründlich aus den Fugen!

Ein Schwarzer war Präsident der Vereinigten Staaten von Amerika, und das sogar acht Jahre lang. Und hierzulande wimmelt es in den Medien, vor allem in Rundfunk und Fernsehen, mittlerweile geradezu von Menschen meines Schlages: hier geborenen Mitbürgern, deren Muttersprache eben nicht die Sprache ist, aus der ihr Name stammt. Frappierenderweise übrigens, wie mir scheint, insbesondere in den Formaten Comedy und Nachrichten – aber das muss wohl an meiner selektiven Wahrnehmung liegen.

„Entschuldigen Sie bitte vielmals, Sie haben Salam gesagt", sage ich nun zu der Frau auf dem Stuhl neben mir. „Wissen Sie, was ich die ganze Zeit verstanden habe? Es ist warm!"

„Ist das nicht herrlich, wenn man möglichst viele fremde Menschen in ihrer eigenen Sprache zumindest begrüßen kann?", meint sie. „Ich finde das schön!"

„Großartig! Finde ich auch. Mit mir können Sie Deutsch reden!"

„Ich weiß ja. Aber ich dachte…"

„Wissen Sie, ich bin ehrlich gesagt ein bisschen faul. Ich habe so gut wie keine Fremdsprachen gelernt."

„Keine Fremdsprachen…?"

„Englisch beherrsche ich ganz gut, aber mit Französisch habe ich schon arge Probleme."

„Ach – ja? Aber Ihr Deutsch… ist doch… perfekt?!"

„Schukran", sage ich. „Schönen Dank auch, das will ich doch hoffen. Ist schließlich meine Muttersprache."

„Und Arabisch…?"

„Verstehe und spreche ich vermutlich nicht mal ansatzweise so gut wie Sie! Ehrlich gesagt: überhaupt nicht."

„Gar nicht? Kein Wort? Oh… das ist… das ist aber schade. Sehr schade. Dann sind Sie gar kein…, dann sind Sie… Also, dann haben Sie bloß einen Migrationshintergrund!?"

„Ja", bestätige ich. „Genau wie Sie!"

„Ich? Wie meinen Sie…?"

„Wir haben doch alle einen Migrationshintergrund."

„Also, ich jetzt aber nicht."

„Doch, Sie auch. Glauben Sie mir, ich weiß es! Ich kenne exakt zwei Menschen, die hatten keinen."

„Zwei?"

„Genau: Adam und Eva! Und die mussten das Paradies verlassen. So ging's los, das war der Beginn aller Migration."

„Ach, wie, also, das ist aber jetzt weit her-…"

„Lesen Sie's nach! Gott hat den Migrationshintergrund erschaffen, für alle Menschen."

„Gott hat WAS?!"

„Erstes Buch Mose, Kapitel drei, Vers 23-24:

‚Da wies ihn Gott der Herr aus dem Garten Eden, dass er die Erde bebaute, von der er genommen war. Und er trieb den Menschen hinaus und ließ lagern vor dem Garten Eden die Cherubim mit dem flammenden, blitzenden Schwert, zu bewachen den Weg zu dem Baum des Lebens.' Kain und Abel hatten also bereits einen Migrationshintergrund. Und alle ihre Nachkommen. Wie Sie und ich. Der Mensch ist ein Migrant. Schon immer gewesen."

Dann beginnt unser Seminar.
Ich bin allerdings nicht so ganz bei der Sache. Gedanklich stecke ich noch im Migrationshintergrund fest. Früher war auch mir nicht bewusst, dass ich überhaupt einen habe. Und das ging nicht nur mir so. Als das Wort immer stärker die Runde machte, wurde auch meine Mutter davon geradezu überrumpelt.
Auf dem Höhepunkt der hitzigen Diskussion über die wirren Ansichten und teils unsäglichen Thesen von Thilo Sarrazin besuchte ich meine Eltern. Nach dem Essen, beim arabischen Kaffee, kamen wir zwangsläufig auf das Thema zu sprechen. Ich bemerkte, dass auch ich persönlich mich von dieser Hetze unangenehm angesprochen fühle. Denn ich hätte das Gefühl, der Mann ziele zwar primär auf andere, träfe aber in seiner blindwütigen Verirrung letztlich auch Menschen wie mich.

Verständnislos sah mich meine Mutter an:
„Wo bitte hast du denn einen Migrationshintergrund?"
„Na da, da sitzt er! Direkt neben dir! Es ist dein Ehemann!"

„Ma'a salaama", sage ich zu meiner Sitznachbarin am Ende des Kurses. „Tschö!" Und überlege, ob ich nicht vielleicht noch ein paar weitere arabische Grußformeln und Floskeln einüben sollte…

Türkisch für Nicht-Araber (2)

Mit starken Verspannungen im Nacken- und Schulterbereich, aber mit vollständig intakten Deutschkenntnissen war ich also in die Reha-Klinik gereist. Ins Schwäbische. Eine Expedition ins Unbekannte. Am dortigen Bahnhof angekommen, so wurde mir in einem der zahlreichen Schreiben zweisprachig mitgeteilt, solle ich mich telefonisch melden. Die Klinik verfüge über einen hauseigenen Shuttle-Service, man schicke dann einen Wagen los, um mich persönlich abzuholen. Der Transfer funktioniert tatsächlich reibungslos. Dabei reise ich mit kleinem Gepäck, da ich meine Koffer mitsamt umfangreicher Sportbekleidung bereits vorab versenden konnte.

Locker betrete ich das Foyer der Klinik, die durchaus Ähnlichkeiten mit einer Hotel-Lobby hat. Es gibt eine Rezeption, allerdings weit und breit keine Bar und auch keinen Begrüßungsdrink. Im Gegenteil. Orientalische Willkommenszeremonien hatte ich nun wirklich nicht erwartet, aber der Empfang, den mir die Klinik bereitet, fällt dann doch überaus kühl und sachlich aus. Mir scheint, ich bin zur Unzeit eingetroffen.

An der Rezeption nenne ich der mir namentlich nun schon bekannten Dame vom Patientenmanagement meinen Namen. Da sie keinerlei Reaktion oder Erkennen zeigt – wie sollte sie auch bei der Vielzahl fremder Namen und der unüberschaubaren Zahl von Patienten, noch dazu vermutlich all der türkischen, die hier tagtäglich aufgenommen werden –, buchstabiere ich ihn, damit sie mich in ihrem System finden kann.

Kein Salam, kein großes Gewese, routiniert und nüchtern fragt sie einige Daten ab, nimmt mich als Patienten auf und überreicht mir sodann einen umfangreichen Stapel Papier. Zweisprachig, versteht sich.

Obenauf ein Laufzettel, in welchem Raum ich mich zu welcher Uhrzeit zu welchen Untersuchungen und Gesprächen einzufinden habe: Aufnahmeuntersuchung, allgemeine Begrüßung, Therapieplanung und dergleichen mehr. Dazu ein Lageplan aller Einrichtungen, erneut die Hausordnung, verschiedene Formulare. Mehrsprachigkeit hin oder her: Wir sind hier schließlich immer noch in Deutschland! Alles muss seine Ordnung haben.

Danach folgt eine rasche Einweisung, wo sich mein Postfach, ein kleines Schließfach, befindet, verbunden mit der deutlichen Anweisung, jeden Tag mehrmals hineinzusehen, da dort wichtige Unterlagen, aktuelle Informationen sowie mein Therapieplan für mich hinterlegt würden, der sich täglich ändern könne.

Mit beinahe preußischer Bestimmtheit erfolgt dann der Hinweis: „Also, wenn Sie noch was essen wollen, dann müssen Sie sich jetzt beeilen. Die Küche schließt gleich. Aber um 14 Uhr ist auch die Einführung mit Rundgang für die neuen Patienten. Da werden Sie mit den wichtigsten Einrichtungen vertraut gemacht und man zeigt Ihnen, wo alles ist. Das sollten Sie auf keinen Fall versäumen."

Nein, sollte ich wohl nicht.
Es ist halb zwei. Ich bin in aller Herrgottsfrühe, um nicht zu sagen mitten in der Nacht aufgestanden, mit dem Taxi zum Bahnhof gefahren, habe eine rund achtstündige Reise mit der Deutschen Bahn samt Umsteigen in Ulm hinter mir, und alles, was ich seither zu mir genommen habe, sind zwei Brote, ein Apfel, eine Banane und einige Kekse sowie eine Flasche Wasser. Ich bin ermattet, ich habe Hunger.

Ich entscheide mich dennoch gegen eine warme Mahlzeit und stattdessen dafür, mein Zimmer zu beziehen und mich etwas frisch zu machen. Denn der

Laufzettel, den ich nun abzuarbeiten habe und dessen Anweisungen ich unbedingt vollständig und gewissenhaft und vor allem: pünktlich, weil sonst das ganze System durcheinander gerät!, Folge zu leisten habe, ist ellenlang. Und verbindlich! Dazu habe ich mich auch per eigenhändiger Unterschrift verpflichtet. Die aktive Mitwirkung des Rehabilitanden ist Voraussetzung und unerlässlich. Andernfalls... ist zumindest ein Therapieerfolg nicht gewährleistet, eine Gesundung nicht zu erwarten; bei Verweigerung der Anordnung drohen Konsequenzen, nicht zuletzt der vorzeitige Abbruch der Maßnahme. Und das wolle ja niemand, wie mir versichert wurde.

Also muss ich mich logischerweise zunächst verschiedenen medizinischen Untersuchungen unterziehen, diverse Daten müssen erfasst und abgeglichen, mein Therapieplan erstellt werden. Das leuchtet mir ein. Die offizielle Begrüßung findet Gott sei Dank erst am folgenden Tag statt.
Aber auch die Haustechnik hat ein berechtigtes Interesse und erwartet schnellstmögliche Kooperation, um – vor der ersten Inbetriebnahme! – meine mitgebrachten Elektrogeräte überprüfen zu können, also etwa Laptop, Notebook, Netz- und Ladegeräte sowie auch Radio, Elektrowecker, Fön, Bügeleisen und dergleichen, was ich alles gar nicht dabei habe, aber sogar meine elektrische Zahnbürste muss fachmännisch erfasst, kontrolliert und ab-

genommen werden, damit ich keinen Kurzschluss verursache oder gar das ganze Haus abfackele. Terroristische Anschläge wird mir ja wohl niemand unterstellen wollen.

Ein Wellness-Aufenthalt wird das hier nicht, das ist mal klar. Und so eile, hetze ich zu dem Lagerraum, in dem meine Koffer auf mich warten, und eile, hetze, nachdem ich sie gefunden habe, zu meinem Zimmer, um sie dort zu verstauen und mir wenigstens eine Handvoll Wasser ins Gesicht zu werfen. Kaum bin ich im Bad und im Begriff eben dies zu tun, als es an der Zimmertür klopft. Der Haustechniker, der offenbar stante pede von der Dame des Patientenmanagements über meine Ankunft unterrichtet worden ist, verlangt meine Elektrogeräte sowie die zugehörigen Netzteile und Ladegräte zu inspizieren. Nachdem der Experte Laptop, Handy und Zahnbürste fachmännisch untersucht und in eins der vorhin erhaltenen Formulare eingetragen hat, bekomme ich eben jenes Formular – dieses Formblatt ist übrigens nur auf Deutsch – von ihm per Unterschrift nun zur Unbedenklichkeitserklärung aufgewertet zur sorgfältigen Aufbewahrung wieder ausgehändigt. Und dann eile, hetze ich zurück zum Eingangsbereich. Es haben sich bereits einige Neulinge zu dieser angeblich unverzichtbaren Einführung eingefunden. Weitere trudeln ein, zuweilen außer Atem und etwas abgekämpft.

Das Wichtigste sind für mich im Augenblick der Speisesaal und die Essenszeiten, und damit stehe ich offenbar nicht allein, denn auch dem einen oder anderen Leidensgenossen knurrt hörbar der Magen. Unser Rundgang führt zu Sporthalle, Schwimmbad, Kraftraum, diversen medizinischen Einrichtungen und Sprechzimmern, Therapie- und Ruheräumen, zur Waschküche, vorbei an etlichen Wasserspendern, wo jeder kostenlos Trinkwasser abfüllen darf, zur Cafeteria und schließlich wieder zurück zum Ausgangspunkt.

Eine kleine Pause und ein kleiner Snack wären jetzt nicht schlecht, aber dazu ist keine Zeit. Denn die verschiedenen Büros und Ärztezimmer und Labore liegen mitunter weit auseinander. Die Befunde meines Orthopäden in einer Mappe unterm Arm, arbeite ich meinen Laufzettel ab.

Ein einziges Mal in meinem bisherigen Leben habe ich mich in einer ähnlichen Situation befunden. Mit einem durchaus vergleichbaren Laufzettel in der Hand hetzte ich von Station zu Station, von Erstuntersuchung zu Impfung, von San-Bereich zu Kleiderkammer: damals, am Tag meines Dienstantritts – in der Blücher-Kaserne als Wehrpflichtiger bei der Bundeswehr.

Es ist bereits deutlich nach 15 Uhr, und ich muss sehen, dass ich zur Erstuntersuchung komme. Mein Termin ist ungefähr jetzt, und ich habe keinen

Schimmer mehr, in welcher Himmelsrichtung sich die angegebenen Räumlichkeiten befinden. Zum Glück habe ich meinen Lageplan dabei, auch hilft die soeben gelernte Orientierung an den farblich unterschiedlichen Stockwerken und Stationen.

Dennoch bin ich etwas außer Atem, als ich endlich den richtigen Raum erreiche. Erstaunlicherweise muss ich gar nicht lange warten, bis ich an der Reihe bin. Nur wenige Leute vor mir, dann werde ich hereingerufen.

„Herr Sahien? Ahmier?"

„Shaheen", sage ich, „Amir. Das buchstabiere ich Ihnen."

„Ich bitte darum!"

Ich buchstabiere meinen Namen. Gewicht und Größe werden festgestellt, dann mein Blutdruck gemessen.

„Herr Sahien, Sie verstehen gut Deutsch, ja? Herr Sahien, leiden Sie schon lange unter hohem Blutdruck?"

„Ich heiße Shaheen. Und ich leide überhaupt nicht unter Bluthochdruck. Allenfalls seit ungefähr 13.37 Uhr heute Mittag, als ich erstmals einen Fuß über die Schwelle Ihres Hauses gesetzt habe. Seither bin ich im Laufschritt auf Trab."

„Na, machen Sie sich keine Sorgen, Herr Sahien, das kriegen wir hier schon wieder in den Griff. Wir nehmen jetzt noch Blut ab. Und in dieses Formular hier…" – ich bekomme ein weiteres Papier, zweisprachig, versteht sich – „tragen Sie bitte Ihre Blutdruckwerte ein, die Sie in den nächsten drei Tagen bitte dreimal täglich selbstständig und gewissenhaft überprüfen. Danach kommen Sie wieder hier vorbei und legen mir das Formular vor. Blutdruckmessgeräte finden Sie draußen im Wartebereich, eine Anleitung liegt dort aus. Bitte beachten Sie die und machen Sie das in aller Ruhe!"

„In aller Ruhe?!", staune ich. Das kann ja was werden…

Sierra Hotel –
Schuhe putzen für den Ernstfall

Ich bin kein Migrant.
Aber ich war mal Ausländer.
Und zwar in meinem Vaterland.

„Wie fühlen Sie sich?", fragt der Arzt, als er die Spritze aufzieht.
„Na ja, den Umständen entsprechend", zögere ich etwas.
„Aber, aber! Sie werden doch wegen dem kleinen Pikser jetzt nicht gleich aus den Latschen kippen!"
„Ich red ja auch nicht von der Impfung. Dachte eher an das gesamte Ambiente hier."
„Wir können mit jedem Krankenhaus mithalten. Wir sind bestens ausgestattet."
„Glaub ich Ihnen. Aber die Unterbringung und der Umgangston…"
„Verstehe. Dagegen sind Sie bald immun", lacht er

und drückt mir meine Ration Tetanus und Co. in den Oberarm.

„Schahiiiiien! Schuhputz!!"
Das hatte ich nicht anders erwartet. Hektisch stürze ich in unsere Stube zurück, fummele eilig das Vorhängeschloss an meinem Spind auf, reiße das Schuhputzzeug heraus und fuhrwerke sinnlos an meinen tadellos sauberen und blitzblanken schwarzen Kampfstiefeln herum – ohne wirklich zu wissen, was zum Teufel ich ändern soll. Weil es schlichtweg nichts, aber auch wirklich rein gar nichts an meinem Schuhputz auszusetzen, geschweige denn zu verbessern gibt. Aber das habe nicht ich zu entscheiden. Das habe ich bereits gelernt.

Ich bin heute schon einmal in die Stube zurückgehechtet und stelle mich darauf ein, gleich ein drittes Mal zur abermaligen Verbesserung meines Schuhputzes von unserem Stabsunteroffizier hinein befohlen zu werden. Zu verdanken habe ich das meiner vorwitzigen und völlig unmilitärischen Flapsigkeit von gestern. Nachdem ich das erste Mal zur Korrektur meines Schuhputzes zurückgeschickt wurde, hatte ich, als ich mich wieder zwischen meine vor der Stube auf dem Flur zur allmorgendlichen Anzugskontrolle angetretenen Kameraden eingereiht hatte, statt die von mir erwartete ordentliche

Meldung zu machen, in einem Anflug von Zivilden-
ken völlig irrig und absolut anmaßend behauptet:
„So, da bin ich wieder. Jetzt ist alles in Ordnung."
„Schahiiiiien!!! Was fällt Ihnen ein? Sie sind wohl
übergeschnappt!!! Schuhputz!!!!!"
Das wird mir nie wieder passieren, das ist sicher.

„Panzerschütze Shaheen, melde mich mit verbesser-
tem Schuhputz zurück!", spricht jetzt eine fremde
Stimme vorschriftsgemäß aus mir heraus. Ich selbst
bin das bestimmt nicht, der das sagt. Ausgeschlos-
sen. Das kann gar nicht sein. Denn mir scheint
schleierhaft, dass ich selbst es war, der freiwillig zu
all dem hier ja gesagt haben soll. Und wir sind erst
ganz am Anfang: vierter Tag in der Kaserne, den
Tag des Einrückens mitgerechnet.

Der hatte direkt hinter dem Kasernentor begonnen
– mit Buchstabieren
„Name?"
„Shaheen."
„Können Sie buchstabieren?"
„Selbstverständlich! Siegfried, Heinrich, Anton,
Heinrich, Emil –"
„Haha, das Kaufmannsalphabet! Wird hier nicht
verstanden. Hat ab sofort auch für Sie ausgedient.
Hier gilt das NATO-Alphabet!"
„Kenne ich nicht."

„Dann wird's höchste Zeit, dass Sie das lernen! Mit Ihrem Namen! Aufgepasst: Sierra, Hotel, Alfa, Hotel, Echo, Echo, November. Kapiert?"

„Glaub schon."

„Panzerschütze Shaheen, das heißt: Jawohl, Herr Hauptfeldwebel. Und jetzt wiederholen Sie das!"

„Jawohl, Herr Hauptfeldwebel!"

„Shaheen! Ich meinte das Buchstabieren Ihres Namens."

„Ach so, klar. Also: Sierra, Hotel, Alfa, Hotel, Echo, Echo…"

„Ja?"

„Echo, Echo, äh…?"

„Mann, Mann, Mann, Shaheen! Bis Sie Ihren Namen zu Ende buchstabiert haben, habe ich ein Maschinengewehr zweimal komplett zerlegt und wieder zusammengesetzt! November!"

„Stimmt: November."

„Natürlich stimmt das! Oder meinen Sie etwa, ich würde das NATO-ABC nicht beherrschen?"

„Nein, natürlich nicht. Entschuldigen Sie bitte, ich wollte damit bloß zum Ausdruck bringen, dass…"

„Abiturient, was? Na, macht nichts. Aus Ihnen machen wir hier auch noch was. Wiederholen!"

„Buchstabieren?"

„Shaheen, Sie begreifen schnell."

„Sierra, Hotel, Alfa, Hotel, Echo, Echo, November."

„Na bitte, geht doch! Wegtreten."

Wider Erwarten scheucht mich unser StUffz nicht noch einmal zurück. Vermutlich sind wir etwas knapp mit der Zeit. Heute muss laut ausgehängtem Befehl die komplette Kompanie zugweise in den San-Bereich zum Impfen. Wir sind die ersten. Dann dröhnt auch schon der Befehl „Kompanie antreten!" durch den endlos langen Flur, und wir rennen zum Lichthof in der Mitte des Gebäudes, um nach Zügen unsere zugewiesenen Positionen einzunehmen.

Da stehe ich also eingereiht, im olivgrünen Kampfanzug und akkurat hochgerollten Hosenbeinen, in blank polierten schwarzen Kampfstiefeln, mit Schiffchen auf dem Kopf – und für einen kurzen Moment frage ich mich, wieso ich mich auf einen solchen Schwachsinn eingelassen habe, wie um alles in der Welt ich bloß hierhin geraten konnte: Die Richtigkeit meiner Entscheidung steht alles andere als stramm.

Auch einige meiner Vorgesetzten hegen nach einiger Zeit wohl leise Zweifel an der Berechtigung meiner Anwesenheit in ihrer Kompanie. Ausgehend von meinem Namen, dessen Aussprache sie sich erstaunlich schnell und relativ gut angeeignet haben, stellen sie sich natürlich die Frage nach meiner Herkunft.

Seit dem Tag meiner Musterung hatte ich diese Frage höchstoffiziell schon unzählige Male ausführlich und für gewichtigere Repräsentanten von Vater

Staat auch hinreichend genug beantwortet. Aber das hat vor Ort in der Kaserne für die Staatsbürger in Uniform – mit Zeitvertrag wohlgemerkt, die mich dessen ungeachtet zum funktionstüchtigen Soldaten ausbilden sollen – allem Anschein nach untergeordnete Bedeutung. Da sie zur Klärung des Sachverhalts in den definitiv vorhandenen Akten nachschauen müssten, stellen sie die Frage – der Einfachheit halber – lieber mir selbst. Allerdings nicht gerade auf dem kürzesten Weg, sondern im Rahmen eines nächtlichen Manövers.

Unser Gruppenführer und sein Kollege, der offiziell keiner ist, weil hier beim Bund alle Kameraden sind, vom zweiten Zug, beide im Range eines Stabsunteroffiziers, haben die quälende Ungewissheit nicht länger ausgehalten. Anscheinend haben sie die Lage ganz und gar nicht gepeilt und daher beschlossen, mich persönlich einzuvernehmen. Bei ein paar Bier im Unteroffizierskasino hatten sie sich intensiv auf diese diffizile Operation vorbereitet. Allerdings weniger inhaltlich. Mehr bezüglich Ort, Zeit und Art und Weise der Taktik ihres Vormarsches.
Der fällt nicht sehr subtil aus. Um endgültig und ein für alle Mal zweifelsfrei zu klären, mit wem sie es denn in meinem Falle eigentlich zu tun haben, poltern sie eines sehr, sehr späten Abends während der ersten Wochen der Grundausbildung in unsere Stube.

„Schahien!", dröhnt es an mein Ohr.

Es ist lange nach Dienstschluss, ich war bereits eingeschlafen, ebenso die meisten meiner sieben Kameraden, die ebenso wie ich durch diesen Überfall rüde geweckt werden.

„Schahien! Aufwachen! Wir müssen Sie was frag'n!"

„Was? Was'n los? Alarm?? Oh… Scheiße…"

Ich erkenne das Gesicht unseres Gruppenführers nah an meinem Kopfkissen und dahinter seinen Kumpel. In einer Mischung aus Schlaftrunkenheit, Desorientierung und einem leichten Anflug von Panik gelingt mir immerhin die Formulierung: „Panzerschütze Shaheen, melde…"

Aber ich habe buchstäblich rein gar nichts zu melden.

„Schahien, hörnse auf mit Melden. Wir ham Dienstschluss. Aber wir müssen jetzt was klärn: Was sind Sie denn jetzt eigentlich?"

„Was? Panzerschü…"

„Schahien: Sind Sie Araber oder Jude oder was?"

Daher weht also der Wind.

„Deutscher. Sonst wäre ich ja gar nicht hier."

„Jetzt wernse ma nich witzich. Sie ham ja kein' deutschen Namen. Wo kommt der her?"

„Von meinem Vater."

„Was Sie nich sagn! Und wo kommt der her?"

Sag jetzt bloß nichts Falsches, denke ich. Und schon gar nichts Kompliziertes, was hier womöglich nicht oder schlimmstenfalls noch falsch verstanden wird.

Bleib politisch überschaubar, denke ich. Und antworte dann wie so viele Male zuvor in meinem Leben:

„Aus Israel."

„Aha. Also ist der Jude!"

„Nein, Araber."

„Und was sind Sie jetzt?"

„Verdammt müde, nach diesem Scheißtag heute."

„Schahien! Wir wolln nur wissen, wer Sie sind!"

Langsam werde ich wacher.

„Panzerschütze Shaheen, Stube Achtzehn, Dritte Zwonulleins im Panzerbataillon Zwonulld-"

„Hörnse auf mit dem Unsinn! Sagnse uns jetz einfach, wasse sind!"

Jetzt bin ich hellwach.

„Wehrdienstleistender. Und wenn der Russe mit dreckigen Stiefeln ankommt, schicken wir den einfach zurück."

„Schahien!!! Sie ham echt Glück, dass wir nich mehr im Dienst sind. Wir klärn das noch! Weitermachen mit Schlafen!"

Unkenntnis, Unsicherheit und eine leider nicht mehr gesund zu nennende Halbbildung können geradezu groteske Züge annehmen. Das durfte meine Familie auch in unserer Heimatstadt im Sauerland erleben. Als Araber aus Palästina, das zur Zeit seiner Auswanderung längst Israel hieß, stellte mein Vater manche unserer Mitmenschen offenbar vor mehr als eine unüberwindbare Hürde.

Nach dem Attentat auf die israelische Olympia-mannschaft in München 1972 haben mitfühlende und gut meinende Menschen meinem Vater kon-doliert und ihr aufrichtiges und tief empfundenes Beileid ausgesprochen.
Lebhaft erinnere ich mich auch an jenen Herrn, der sich den Namen meines Vaters und die damit in Zu-sammenhang stehenden Fakten einfach nicht richtig merken konnte. Sein im Ungefähren angesiedeltes Halbwissen mündete stets in die freudestrahlend vor-gebrachte lautstarke Begrüßung meines Vaters mit:
„Guten Tag, Herr Shalom!"

Ähnliches ist auch mir mehrfach widerfahren, ins-besondere Mitte der achtziger Jahre. Wenig überra-schend genau zu der Zeit, als es einen israelischen Außenminister und zweimaligen Ministerpräsi-denten (1983-1984 und 1986-1992) gab, in dessen Nachname mein Vorname komplett enthalten war. So erfuhr ich die Verquickung meines Vor- und Nachnamens mit der Herkunft meines Vaters zur irgendwie naheliegenden und dennoch völlig irrigen Anrede:
„Guten Tag, Herr Schamir!"

Araber aus Israel, noch dazu christlich, das ist anscheinend nicht leicht unter einen Hut zu bekommen. Daran hat sich bis heute nicht sonderlich viel geändert, nach meinem Empfinden absolut gar nichts. Und das trotz ständiger Nahost-Berichterstattung und Internet und globaler Vernetzung.

Was wäre wohl passiert, wenn ich Jude geantwortet hätte? Wie hätten die StUffze reagiert? Wie hätte das ihr Verhalten mir gegenüber beeinflusst, verändert? Wäre ich dann womöglich während der Ausbildung anders behandelt worden? Und wie?
Als Panzerschütze während der Grundausbildung angeschissen zu werden und unsinnige Befehle ausführen zu müssen, fühlt sich für Deutsche, für Spanier, für Griechen, für Türken, für Araber wie für Juden und jeden Rekruten auf der Welt mit ziemlicher Sicherheit absolut identisch an. Nämlich meist nervig, zuweilen echt beschissen und mitunter schikanös.
Ich empfand die nächtliche Störung und Befragung, die sicher hinreichend Anlass für eine Beschwerde nach Paragraf 34 Soldatengesetz, respektive Wehrbeschwerdeordnung vom 23. Dezember 1956 in der damals gültigen Bekanntmachung vom 11. September 1972, Bundesgesetzblatt I, S. 1737, geboten hätte, lediglich als eine lästige Entgleisung zweier nicht mehr ganz nüchterner Dumpfbacken.

„Der Soldat kann sich beschweren, wenn er glaubt, von Vorgesetzten oder von Dienststellen der Bundeswehr unrichtig behandelt oder durch pflichtwidriges Verhalten von Kameraden verletzt zu sein", führt Paragraf 1 des Beschwerderechts aus. Aber das verdiente keinen weiteren Gedanken. Abgesehen von diesem Vorfall stellte mir niemand eine ähnliche Frage oder verhielt sich mir gegenüber in irgendeiner Weise auffällig. Diskriminierung, Ausgrenzung, Mobbing, Rassismus habe ich nie erlebt.

Bis zum Abschluss meiner Grundausbildung war das Thema auch erledigt. Meine Kameraden hatten, von der korrekten Aussprache meines Namens vielleicht mal abgesehen, ohnehin – genau wie ich – ganz andere Probleme, als die Frage der Herkunft oder Identität von irgendwem eruieren zu wollen. Sie akzeptierten mich als einen der ihren, als Leidensgenossen, als Kameraden.
Auch nach meiner Versetzung in eine andere Kompanie mit Ende der Grundausbildung änderte sich für mich diesbezüglich nichts. Neue Gesichter, neue Namen. Und nachdem ich die üblichen Fragen bezüglich meines Namens beantwortet hatte, waren sie für mich einfach Kameraden. Und das blieb so bis zum Ende meiner Dienstzeit.

Allerdings hätte alles auch ganz anders kommen können.

Ich meine nicht das nächtliche Intermezzo mit den unwissend-wissbegierigen Stabsunteroffizieren oder eine diskriminierende Behandlung in der Kaserne. Ich meine die glückliche Fügung, dass ich überhaupt geloben durfte, „der Bundesrepublik Deutschland treu zu dienen und das Recht und die Freiheit des deutschen Volkes tapfer zu verteidigen". Gottlob nicht am Hindukusch, sondern im Sauerland, nicht in einem lebensgefährlichen Kriegseinsatz, aber immerhin im Rahmen meiner Ausbildung zum Richt- und Ladeschützen für den Kampfpanzer Leopard II auf dem Standortübungsplatz eines Panzerbataillons.

1966 wurde ich als erstes Kind meiner Eltern in Lüdenscheid geboren. Meine Eltern waren damals schon seit mehreren Jahren rechtmäßig verheiratet, aber mein Vater war zum Zeitpunkt meiner Geburt noch immer Bürger eines anderen Staates. Ethnisch war er palästinensischer Araber und rechtlich israelischer Staatsangehöriger. Und das hatte Konsequenzen für mich.

Denn unmittelbar nach meiner Geburt hatte mein Vater mich in seinen Pass eintragen lassen. Somit war ich nicht staatenlos, sondern genau wie er Angehöriger eines anderen Staates: Ich war Israeli.

Als ich schließlich Deutscher wurde, bekam ich davon nichts mit. Mein junges Leben ging einfach unverändert weiter. Ich schlief eines Abends ohne es zu ahnen als Israeli ein und wachte am nächsten Morgen ebenso ahnungslos als Deutscher wieder auf.

Das Wissen um die Herkunft meines Vaters blieb für mich als Kind viele Jahre gänzlich abstrakt. Für mich war er einfach mein Papa, der mit mir in derselben Sprache sprach wie meine Mutter, und zwar akzentfrei. Er ging morgens zur Arbeit und kam mittags recht früh wieder nach Hause. Weil er Lehrer war an einer Schule in unserer Stadt. Es unterschied ihn also nichts von meiner Mutter, meinen Großeltern, unseren Nachbarn, meinen Freunden und deren Eltern.

Ich wuchs auf in dem Bewusstsein, Deutscher zu sein. Nie gab es daran irgendeinen Zweifel. Meine Eltern sprachen – für mich damals völlig selbstverständlich – ausschließlich Deutsch miteinander und ebenso mit mir und meiner Schwester. Nie hat mein Vater auch nur den kleinsten Versuch unternommen, mir seine Muttersprache beizubringen. Das ist aus heutiger Sicht bedauerlich, aber so war's nun mal. Folglich dachte, redete, empfand und träumte ich in der einzigen Sprache, die ich kannte: meiner Muttersprache. Ich wurde auch, völlig selbstverständlich, fast vollständig deutsch erzogen und sozialisiert. Vom Kindergarten über die Grundschule nebst Kindergeburtstagen bis zum Gymnasium mit obligatorischer Teilnahme an den Bundesjugendspielen wie auch dem Konfirmandenunterricht war meine Abstammung in unserer Stadt nie ein Thema. Ich wurde, soweit ich selbst es mitbekam, von Anfang an überall als Deutscher angesehen.

Als Lehrer, der er zuvor in seiner Heimat bereits gewesen war, musste mein Vater hier noch mal von vorne anfangen. Er jobbte zunächst in einer Fabrik, um das Geld für einen Deutschkurs am Goethe-Institut zusammenzusparen, um dort die Sprache seines neuen Heimatlandes von Grund auf systematisch zu erlernen, studierte dann ein zweites Mal und unterrichtete zunächst an einer Volksschule, bevor er schließlich an eine Hauptschule wechselte. Seine hauptsächlichen Unterrichtsfächer waren Englisch und katholische Religion. Er erteilte sogar Firmunterricht. Im Auftrag der Katholischen Kirche.

Auf die Frage, woher mein Vater stamme, hatten meine Eltern mir beigebracht zu antworten: aus Israel. Ich sagte dies stets brav auf, wenn ich von Erwachsenen gefragt wurde. Selbstverständlich auch im Kindergarten. Aber das war ohne Relevanz. Denn mein Vater war in unserer kleinen Stadt weithin bekannt.
Was ich auf die Frage nach meiner Religionszugehörigkeit antworten sollte, hatten sie mir nicht ge-

sagt. Die Frage wurde mir auch gar nicht gestellt. Erst später in der Schule – und da führte meine Antwort, mittlerweile wusste ich Bescheid, prompt zu großer Verwirrung. Ich hatte nämlich die Konfession meiner Mutter.

Meine Mutter war evangelisch-lutherisch, mein Vater römisch-katholisch. Wie kann das sein, fragen Sie sich vielleicht, wenn doch der Vater katholische Religion unterrichtet, also über die entsprechende Lehrerlaubnis der Katholischen Kirche verfügt? Die bekommt man gemeinhin nur dann, wenn man katholisch heiratet und sich verpflichtet, seine Kinder im katholischen Glauben zu erziehen. Nicht so mein Vater.

Mein Vater hatte evangelisch geheiratet. Und so wurde ich evangelisch getauft und später auch konfirmiert.

Damals, als ich eine Lederhose trug und Kniestrümpfe und Sandalen und morgens, weil es noch frisch war, wie Mutter immer sagte, eine Strickjacke, waren derlei Spitzfindigkeiten für mich gänzlich bedeutungslos. Ab und zu musste ich mit in eine Kirche. Mal in die eine, mal in eine andere. Für mich war das alles das Gleiche. Und ich ging in den katholischen Kindergarten. Wie alle. Mit meiner grünen Butterbrottasche um den Hals stapfte ich jeden Morgen los.

Meine Eltern hatten das so entschieden und mich – aus rein pragmatischen Gründen, nehme ich an, der Kindergarten befand sich keine hundert Meter von unserer Haustür entfernt – dort angemeldet. Und dort war ich ja letztlich auch unter meinesgleichen. Alle Kinder meines Alters aus unserer Nachbarschaft, ganz gleich welcher Konfession, gingen dorthin.

Und doch gab es einen Unterschied.
Der Unterschied war fundamental und manifestierte sich in meinem Namen, den Schwester Mechtrudis, die die Leitung des Kindergartens innehatte, drei Jahre lang konsequent falsch Amyr schrieb und mit „ü" aussprach. Wusste Schwester Mechtrudis um das Geheimnis, das ich außer meiner grünen Butterbrottasche mit mir herumtrug? Ich weiß es nicht.
Falls jemand davon Kenntnis hatte, dann hatte es wohl keine Bedeutung, jedenfalls hat sich nie jemand daran gestört. Nicht einmal Schwester Mechtrudis. Und ich selbst hätte es wohl mit Sicherheit nicht begriffen, wenn ich es denn überhaupt gewusst hätte. Aber ich hatte keinen blassen Schimmer.

Was für ein Szenario!
Ein protestantischer arabischer Israeli in einem katholischen deutschen Kindergarten! Der dort – ohne Verständigungsprobleme, versteht sich – monatelang unbehelligt subversiv hätte wirken können!

Aber was tut er? Mampft Haferflocken mit Himbeersirup, spielt einträchtig mit seinen katholischen und evangelischen Altersgenossen in der Sandkiste, sitzt friedlich mitten unter ihnen im Stuhlkreis, lernt Lieder und Gedichte und wie man eine Schleife bindet, und sticht mit einer Nadel auf einer dicken Filzunterlage Tiere und Bäume aus bunter Pappe aus.

Leider taugt diese Story nicht mal als Beispiel für gelungene Integration.

Pikant bei dieser Angelegenheit ist nur ein winziges Detail: meine Unkenntnis.

Ich war Israeli – und wusste es nicht. Nicht einmal, als ich schon längst beim Bund war. Und auch nicht viele, viele Jahre später. Vermutlich hatten meine Eltern irgendwann beiläufig etwas in dieser Richtung erwähnt, aber ich war stets im Glauben, es habe sich um einen rein formalen Verwaltungsakt gehandelt, der lediglich die ersten zwei, drei Wochen meines jungen Lebens betroffen habe. Wäre ich jemals von einer Behörde darauf angesprochen worden, ich hätte reichlich dumm aus der Wäsche geguckt. Und das beinahe fünf Jahrzehnte lang!

„Schau mal hier", hatte mein Vater gesagt und mir ein Blatt Papier gereicht, als ich ihn anlässlich seines Geburtstags vor einigen Jahren besuchte.

„Vor 45 Jahren bin ich eingebürgert worden."
Das Schriftstück war seine Einbürgerungsurkunde,
die ihm genau an seinem 41. Geburtstag von einem
Kreisamtmann ausgehändigt worden war. Ich las:
*Herr Deeb Shaheen, Volksschullehrer, Altena,
und folgende(s) von ihm (ihr) kraft elterli-
cher Gewalt gesetzlich vertretene(s) Kind(er):
1. Amir, geboren am 28.04.1966 in Lüdenscheid,
haben mit dem Zeitpunkt der Aushändigung dieser Ur-
kunde die deutsche Staatsangehörigkeit erworben.*

Ich staunte: Erst vier Jahre nach meiner Geburt
wurde ich gemeinsam mit meinem Vater eingebürgert. Dafür hatte er fleißig gespart und vierhundert
Mark bezahlt. Diesen damals nicht unerheblichen
Betrag, so hoch waren die für diesen Hoheitsakt fäl-
ligen Gebühren, musste mein Vater selbst aufbrin-
gen. Für diese weitsichtige Investition bin ich ihm
heute überaus dankbar. Die Alternativen will ich
mir lieber nicht vorstellen… Danke, Papa!

Als Gegenleistung für den deutschen Pass schlugen
natürlich nicht nur die Ersparnisse meines Vaters
zu Buche, sondern eben fünfzehn Jahre später auch
mehr als ein Jahr meines Lebens. Denn die Bundesrepublik Deutschland hatte mit dem Wechsel meiner Staatszugehörigkeit Ansprüche erworben und
ließ nicht den allergeringsten Zweifel daran, dass

ich diese auch zu erfüllen hätte. Ich erhielt wie alle volljährigen Männer meines Jahrgangs den Musterungsbescheid und musste im Alter von achtzehn Jahren beim Kreiswehrersatzamt in Hagen vorstellig werden.

Ich kann mich nicht daran erinnern, ob mir dort inquisitorische Fragen bezüglich meines Namens, meines Vaters, meiner Herkunft gestellt wurden. Falls es so war, dann war das allenfalls reine Formsache, die schnell abgehakt wurde. 9/11 hätte man damals als Bruch verstanden und als neun Elftel gelesen, islamistischer Terror war kein Thema, der Islamische Staat kein Gedanke, von Gefahr ganz zu schweigen. Damals sahen wir uns anderen Bedrohungen ausgesetzt. Gleichwie bin ich sicher, dass ich sämtliche Fragen, welcher Art auch immer, wahrheitsgemäß beantwortet habe. Aber was auch immer ich den Herren von der Musterungskommission Gegenteiliges hätte auftischen wollen, es hätte niemanden beeindruckt. Die vorliegenden Dokumente sprachen eine eindeutige Sprache.

Und was darüber hinaus allein zählte, war die Lage. Und die Lage war nun mal diese: Drüben stand der bis an die Zähne bewaffnete Russe, der Ivan, mit seinem Warschauer Pakt und seinen SS20-Raketen, die auf uns gerichtet waren und unsere Freiheit bedrohten. Und drüben, auf der anderen Seite, die aber bereits bei uns begann, befand sich der bis an die Zähne bewaffnete Ami, unser Befreier und Freund, der Garant unserer Freiheit, mitsamt der NATO und ihrem Doppelbeschluss und all den Cruise Missiles und Pershing-Raketen, die auf die Russen gerichtet waren und uns beschützen sollten.

Folglich wurde jeder Wehrfähige, auch ich, schon aus rein arithmetischen Gründen dringend gebraucht zur Verteidigung des Vaterlandes und der freiheitlich-demokratische Grundordnung – im Ernstfall. Ich war bereit, meinen Teil dazu beizutragen. Dazu war ich gesetzlich verpflichtet und empfand es überdies irgendwie auch als moralische Verpflichtung. Den Wehrdienst zu verweigern schien mir damals nicht richtig. Also ließ ich vor dem Stabsarzt im Kreiswehrersatzamt die Hosen runter, gab meine Hoden zur Begutachtung frei, hustete wie befohlen, wurde hernach für tauglich erklärt und musste mich anschließend zurückstellen lassen, weil der akute Ernstfall meines Lebens zunächst das Abitur war.

Danach rückte ich zum 1. Oktober in die Kaserne ein, die ich, nachdem ich meinen staatsbürgerlichen Pflichten nachgekommen und dafür zweimal befördert worden war, wenige Tage vor Weihnachten des folgenden Jahres als Obergefreiter endgültig verlassen durfte.

„Einen Moment noch bitte, Herr…“
„Shaheen. Wieso?“
„Ich will nur noch etwas nachschauen.“

Wahlsonntag 2014. Europa- und zugleich auch Kommunalwahl. In meinem Wahllokal in Köln habe ich soeben meine Wahlbenachrichtigung abgegeben, der Wahlhelfer hat sie geprüft und meinen Namen im Wählerverzeichnis abgehakt. Schon will ich weiter zu seinem rechts neben ihm sitzenden Kollegen, um meine Stimmzettel in Empfang zu nehmen. So wie immer.

Wie alle Wahlberechtigten in dieser Stadt, in der ich seit 1988 ohne Unterbrechung lebe, darf ich an diesem Sonntag drei Stimmen abgeben: eine für die Wahl zum Europaparlament, eine für den Rat der Stadt, eine weitere für die Bezirksvertretung.

Der Wahlhelfer blättert eifrig seine Ausdrucke durch und sagt dabei, mehr zu sich selbst:

„Ich muss mal nachsehen, ob ich Sie nicht auch noch auf der anderen Liste…"

Eifriges Geblätter. Ich ahne etwas.

„Für die Wahl zum Integrationsrat?"

„Ja, genau!"

„Würde mich sehr wundern, wenn ich da jetzt plötzlich auftauchen sollte. War noch nie der Fall."

„Das ist ja auch relativ neu. Früher gab's den Ausländerbeirat. Aber seit 2004 haben Sie das Recht, die direkt gewählte parlamentarische Interessenvertretung der Kölner Migrantinnen und Migranten mitzubestimmen."

„Find ich prima. Und wieso denken Sie, dass das auf mich zutrifft?"

„Ihr Name! Sie sind doch… Also, ich meine… Sie haben ja einen Migrationshintergrund. Oder…?"

„Unter uns, Kamerad: Ich habe einen Einberufungshintergrund! Ich hab' vor dreißig Jahren fünfzehn Monate lang meine Stiefel auf Hochglanz poliert, damit hier heute überhaupt freie Wahlen stattfinden können. Also bemühen Sie sich nicht. Weitermachen!"

Türkisch für Nicht-Araber (3)

Ich bin nicht integriert.
Ich bin nicht assimiliert.
Ich bin Deutscher. – Ich heiße bloß anders.

Laut Laufzettel habe ich mich nun in einem sogenannten Dokumentationszentrum einzufinden. Im
Rahmen der Qualitätssicherung werden offenbar
von allen Patienten obligatorisch elektronisch Angaben erbeten. Dazu erhalte ich meine persönlichen
Zugangsdaten für ein internes Fragebogensystem
der Klinik ausgehändigt, eine Information sowie einen Handzettel, der das Vorgehen erläutert.
„Sayın Shaheen, Amir", begrüßt der mich. „Soru
kitapcılarının listesini ve kayıt için zamanı geldiğinde
bir randevu alacaksıınız. Saygilarimizla." Ich blätte-
re weiter zur deutschen Übersetzung: „Sie erhalten
zeitnah eine Aufstellung über die Fragebögen, die
für Sie bereitgestellt wurden, sowie einen Termin

zur Eingabe. Mit freundlichen Grüßen"
Ich muss mich wohl damit abfinden, dass ich hier in den kommenden Wochen als Türke gelte.

Anschließend sprinte ich unverzüglich zu einer weiteren Ärztin, um die für mich notwendigen Maßnahmen zu besprechen und vor allem meinen individuellen Therapieplan zu erstellen.

Unterwegs fällt mir ein: Ich war doch schon mal Türke! Vor rund zwanzig Jahren. Für ungefähr anderthalb Minuten. Und auch nur im Scherz. Beim Bier. Aber das war nicht ursächlich.

Ein Bekannter von mir, der als Nachmieter in meine Wohnung eingezogen war, hatte mich wieder einmal angerufen, um sich mit mir zu treffen. Und um mir bei der Gelegenheit auch Post auszuhändigen, die in seinem Briefkasten gelandet war – beinahe ein Jahr, nachdem ich aus- und er eingezogen war. Unsere Namen kann man offenbar leicht verwechseln. Sie klingen etwa so ähnlich wie Lehmann und Fischer. Bloß eben nicht deutsch: In seinem Falle war es griechisch. Wir wunderten uns aber gar nicht mehr darüber, und Dimitri scherzte ob der falsch adressierten und zugestellten Sendung, in die Rolle eines imaginären Postboten schlüpfend:

„Ah, Mist… Wo soll ich jetzt damit hin? Ach, schmeiß ich halt einfach bei dem andern Türken rein, wird schon ankommen. Die kenn' sich doch eh alle untereinander!"

„Auf uns Türken!", hatte ich gesagt und mein Weizenbierglas erhoben. Laut lachend hatten wir angestoßen.

Dann sitze ich der für mich zuständigen Ärztin gegenüber. Frau Dr. Brekovic spricht fließend Hochdeutsch. Allerdings mit einem leicht fremdländischen Akzent wie mir scheint. Oder bilde ich mir das bloß ein? Komisch, denke ich, türkisch klingt hier gerade gar nichts. Und sie sieht auch nicht türkischstämmig aus. Aber das muss nichts heißen. Man kann sich da bös vertun.

Während ich mit ihr meine Beschwerden bespreche, wächst mein Therapieplan stetig an und – im Grunde ein konzentriertes Übungs- und Stärkungsprogramm für die Hals- und Brustwirbelsäule und allgemeine Fitness – reicht bereits von Frühsport, „Aktiv in den Tag", über Ergometertraining, Krafttraining, Muskelaufbau und Rückenschule bis hin zu Nordic Walking und verschiedenen gezielten Kursen zur Stressbewältigung und Entspannung wie Eutonie. Bislang kann ich folgen.

Und dann lächelt Frau Doktor Brekovic und kredenzt mir ein außergewöhnliches Schmankerl.

„Dienstags habe ich was ganz Besonderes für Sie! Dienstags melden Sie sich vom Essen ab", sagt sie und strahlt mich an: „Dann gehen Sie in die Lehrküche!"

„Wohin?"

„Interkulturelle Lehrküche! Das passt perfekt für Sie!"

„Ach –", mir schwant etwas, „ist das jetzt wegen meines Gülü-Güdük protokülü?"

„Bitte?"

„Oh – Entschuldigung! Ich…Warten Sie! Ich habe gemeint –" Ich fingere in meinen Unterlagen, finde tatsächlich auf die Schnelle den Zettel, den ich mitgenommen habe, und lese ab: „Yedi-Günlük-Gida tüketim protokolü!"

„Können Sie das auf Deutsch sagen?"

Kroatin? Serbin? „Vergessen Sie's."

„Sind Sie Türke?"

„Nein, Deutscher."

„Soso. Und Ihr Name…?"

„Ist arabisch."

„Na bitte! Arabisch – das ist toll!", strahlt sie. „Das passt doch ideal! Also, dienstags Interkulturelle Lehrküche. Haben Sie irgendwelche Einschränkungen?"

„Mit dem Heben von Töpfen und Pfannen?"

„Wie kommen Sie jetzt darauf?"

„Na, wegen Arm und Schulter…?"

„Ich meinte mit dem Essen!"

„Ach, Sie meinen: kulturell-religiöse? Ich bin kein Moslem."

„Ich meine Allergien, Unverträglichkeiten, Intoleranzen."

„Nein. Aber wozu das Ganze? Was passiert denn da?"

„Das macht Spaß! Da kochen Sie gemeinsam mit einer kleinen Gruppe."

„Und was soll das bringen?"

„Sie nehmen garantiert was mit davon."

„Was? Die Reste?"

„Das macht Ihnen bestimmt Spaß! Probieren Sie's mal aus! Wird Ihnen gefallen, bestimmt."

„Vielleicht. Aber ich bin Deutscher. Und mit der Ernährung habe ich keine Probleme."

„Das ist unerheblich. Gehen Sie einfach mal hin!"

„Den therapeutischen Zweck habe ich aber noch nicht verstanden."

„Ich schreib das jetzt so in Ihren Plan. Wir können das ja später wieder ändern."

„Geschieht nicht, was du willst, dann wolle, was geschieht", erinnere ich mich an ein arabisches Sprichwort, das mein Vater hin und wieder anbrachte, und füge mich in das vorläufig Unvermeidliche. Interkulturelle Lehrküche… Ich stelle mir vor, dass dort Menschen unterschiedlicher Nationalitäten gemeinsam Rezepte aus ihren Heimatländern kochen und anschließend gemeinsam essen. Sowas kenne ich. Schon lange. Es hat bloß keinen Namen.

Wir treffen uns einfach, kochen, essen, reden, feiern, räumen anschließend auf und spülen ab. Bei meiner guten Freundin in Köln. Die ist wie erwähnt Türkin. Schon immer waren bei ihr auch türkische Verwandte und kurdische Freunde eingeladen, der französische Partner einer weiteren Bekannten und

69

Menschen aller möglichen Nationalitäten, die man eben kannte oder die gerade zu Besuch waren. Dass dies einen interkulturellen Dialog darstellt, habe ich mir bislang nicht bewusst gemacht. Es war und ist halt einfach so: ganz normaler Alltag.

Wie auch mein letzter Besuch bei ihr, wenige Wochen vor meiner Abreise. Eine ihrer kurdischen Freundinnen war dabei, Giovanni, ein Italiener, und Kofi aus Togo. Und ich. Als einziger Deutscher. Kofi hatte das Hauptgericht vorgeschlagen, ein Bohneneintopf aus seiner Heimat. Meine Freundin steuerte eine türkische Vorspeise bei, und den Abschluss bildete ein italienisches Dessert von Giovanni.
So stelle ich mir auch die interkulturelle Lehrküche vor. Aber zunächst steuere ich nun endlich den Speiseaal an: Abendessen.

Etliche Patienten oder Rehabilitanden haben sich bereits eingefunden. Wenngleich ich unter ihnen keine einzige ausgemergelte Gestalt ausmachen kann, drängen sie, als Punkt 18 Uhr die Türen geöffnet werden, hinein und fallen über das Büffet her.
Das erfasse ich mit einem Blick: Links Geschirr und Besteck, etwas weiter schließt sich eine großzügige Auswahl an Brot und Brötchen an, rechts davon frei stehend und von allen Seiten zugänglich eine Salat-

bar und daneben das gleiche für Aufschnitt, Käse, Quarks und Joghurts. Ich greife mir einen Teller, belade ihn eilig und eher wahllos mit einigen Speisen und steuere auf den ersten freien Sitzplatz zu. Mit einem Seufzer lasse ich mich nieder. Geschafft, denke ich und schmiere mir – endlich! – ein Brötchen.

„Sie sind ned der Herr Ötztürk!", sagt eine Stimme vernehmlich über mir.

Das ist zutreffend. Ich blicke auf. Ein blauer Kittel identifiziert die der Stimme zugehörige Frau als Teil des Personals.

„Nein, der bin ich nicht."

„Wie heißet Se?"

„Shaheen. Amir Shaheen."

„Der Herr Sahien. Hier kennad Se ned hocka."

„Wieso nicht? Hier war doch frei."

„Ha noi! Des isch fei der Platz vom Herrn Ötztürk. Kommet Se. I zeig Ihn' Ihr Plätzle."

Ich balanciere meinen gefüllten Teller durch nun fast vollständig besetzte Tischreihen und werde zu meinem Platz geführt.

„So, bittschön. Des isch Ihr Plätzle. Des musch fei alles sei Ordnung han."

Ich begrüße knapp meine Tischnachbarn und stelle mich mit Vornamen vor. Da muss ich wenigstens nichts buchstabieren. Stumm und zügig verzehre ich mein Abendessen. Ich will nur noch ins Bett.

Dann verlasse ich den Speisesaal und schaue – so gut gedrillt bin ich schon – noch in mein Schließfach. Tatsächlich liegt darin ein einzelnes Blatt Papier: Mein Therapieplan für den kommenden Tag. Man könnte auch sagen der Tagesbefehl für morgen. Genau wie beim Bund, denke ich, während ich mich zu meinem Zimmer begebe.

Bitte ohne Cäsar –
Buchstabieren mit Migrationshintergrund

Ich habe einen Migrationshintergrund.
Ich habe ihn sogar offiziell.
Er kam per Post.

Mein Name bietet seit jeher Anlass zu berechtigten
Fragen, zu Unsicherheit, Verwechslung, Verwirrung.
Fast immer und beinahe überall – außerhalb meines
unmittelbaren Umfelds und Bekanntenkreises.
Das ist verständlich und absolut nachvollziehbar.
Schwerer zu begreifen ist allerdings die Unbedarftheit
oder Bequemlichkeit, mit der so manche Zeitgenossen
glauben, sich meinen Namen nach Belieben mundge-
recht machen oder ihn einer ihnen genehmen Schreibweise unterwerfen zu können. Der Einfachheit halber
oder aufgrund mangelnden Vorstellungsvermögens
erfährt mein Vorname kurzerhand eine Umwandlung
in die naheliegende deutsche Variante: Armin.

Ich korrigiere, protestiere, explodiere – aber nur selten. Etwa beim Arzt, wenn mein falscher deutscher Vorname mal wieder achtlos notiert und ich folglich als Armin Shaheen in einer Patientenakte verewigt werden soll. Da hört der Spaß dann doch auf. Und auch meine Toleranz gegenüber Menschen mit ausgeprägter Dyslexie oder was auch immer ihr Problem ist.

Weit häufiger, eigentlich fast immer, wird mein Vorname einfach nur falsch betont. Mit einer penetranten Dehnung der erste Silbe und ebenso lang gezogenem ‚i‘: Ahhh-mieer. Grauenhaft. Ich korrigiere, insistiere, resigniere häufig, denn viele lernen es, manch einer aber eben nicht. Nie.
Mein Name ist arabisch. Wie der meines Vaters. Aber das war's auch schon. Ende der Geschichte vom arabischen Prinzen im fremden Abendland. Beginn der unendlichen Geschichte von der Unaussprechbarkeit.

Bereitete und bereitet schon mein Vorname manchen Zeitgenossen große Mühe, so scheiterten sie – und sie scheitern bis heute – vollends beim Nachnamen: Shaheen.
Gerade mal zwei Silben. Eine überschaubare Buchstabenfolge. Allerdings englisch geschrieben – der Sch-Laut mit Sh, der lange I-Laut mit Doppel-E – und folglich auch englisch ausgesprochen:

Scha-hien. Wie in Charlie Sheen. Bei dem kapiert das merkwürdigerweise jeder sofort. Bei Shaheen hingegen…
Für manch deutsche Zunge und manch deutsches Hirn unüberwindbare Hindernisse.

Dass dieselben Zungen respektive Hirne signifikant weniger Probleme damit haben sollen, Namen wie Matuszynski, Swierskowski, Mellerowicz oder per se unaussprechbare Konsonantenkombinationen wie etwa in Przibilka oder Wawrzyniak zu denken, geschweige denn zu artikulieren – und von fehlerfrei schreiben will ich mal gar nicht erst anfangen –, kann ich nicht glauben.
Ausgenommen natürlich, der Träger des Namens ist Profi-Sportler, Boxer etwa oder besser Rennfahrer oder, noch besser, Fußballspieler! Wer Lautfolgen wie in Graciano Rocchigiani (Ruhrpott-Rocky, Rechtsauslage) oder Kimi Räikkönen (Finne, Ferrari-Weltmeister) oder eben Kingsley Ehizibue (ein nigerianischer Niederländer aus Zwolle, der in München geboren wurde), Ellyes Skhiri (in Südfrankreich geborener Tunesier) oder Sebastiaan Bournaw (ein Flame aus dem belgischen Wemmel), die in der Saison 2019/2020 allesamt für den 1. FC Köln kicken, oder auch Matthias Ostrzolek – OSTRZOLEK mit STR und Z hintereinander!, das muss man sich auf der Zunge zergehen lassen, aus-

sprechen kann das unverdaut ohnehin kein Mensch, Ostrzolek, ein Deutsch-Pole übrigens, aus Bochum natürlich – als linker Verteidiger bei Hannover 96 tätig, unfallfrei buchstabiert und über die Lippen bringt, für den dürfte doch die übersichtliche Buchstabenreihe Amir Shaheen allenfalls den Schwierigkeitsgrad von Hänschen Klein haben.

Dem Kölner Stadt-Anzeiger war die korrekte Aussprache der Namen der Neuzugänge des Fußballclubs übrigens eigens einen Artikel wert: Unter der Überschrift „Echte Zungenbrecher beim 1. FC Köln" klärte er im August 2019 seine Leser auf – und zwar auf der Titelseite.

Diese Liste ließe sich endlos fortsetzen. Und beliebig ergänzen um weitere Prominente, wie etwa den Fernsehjournalisten und Moderator Michael Opoczynski oder seinen Kollegen, den seinerzeit allseits beliebten Fernseh-Tierfreund Professor Bernhard Grizmek. Dass der mit seinem unaussprechlichen Namen überhaupt Karriere machen konnte, noch dazu im deutschen Fernsehen… Niemand, wirklich niemand sagte, sofern es nicht scherzhaft gemeint war, Grizzimeck oder Gritzmeck, nein, Dschimek ging allen problemlos von den Lippen. Von der Hand sicher nicht. Fehlerfrei schreiben konnte diesen Namen auf Anhieb wohl nur, wer damit vertraut war.

Shaheen klingt – und schreibt sich – verglichen damit doch geradezu harmlos. Kinderleicht, idiotensicher.

„Wie heißen Sie?"

„Shaheen. Das schreibt sich…"

Mein Gegenüber wiederholt: „Schahien." Und schreibt es exakt so: Sch und ie.

„Aber das schreibt sich S-H-A-H-Doppel-E…"

„Aha? Ist das wichtig?"

„Es ist jetzt jedenfalls nicht richtig."

„Macht nix. Ich hab's jetzt eben so geschrieben."

„In Ordnung, Herr Münner."

„Mein Name ist Möller."

„Macht ja nix, Herr Münner. Schönen Tag noch."

Die Realität sieht wohl so aus, dass alles, was nicht Müller, Meier, Schulze heißt, von manch deutschem Muttersprachler grundsätzlich eingedeutscht wird. Gnadenlos. Mit der Konsequenz, dass auch sämtliche Opoczynskis, Przibilkas und Wawrzyniaks ihre Namen als babylonisch begreifen und richtig adressierte Post oder korrekt ausgestellte Lieferscheine, Rechnungen, Versicherungspolicen sowie sonstige Dokumente als Glücksspiel erfahren dürften, an dem teilzunehmen sie lebenslänglich genötigt werden.

Auch auf unfallfreie Aussprache haben sie keinen Anspruch. Sie werden es gewöhnt sein, zu reagieren, wenn eine Lautfolge an ihre Ohren dringt, die dem Sprecher am komfortabelsten von der Zunge geht und entfernt Ähnlichkeit mit ihrem Namen aufweist.

Was sie allerdings von Trägern von Namen aus dem östlichen Mittelmeerraum, der arabischen sowie insbesondere auch der afrikanischen Welt unterscheiden dürfte, ist der Umstand, dass ihr Gegenüber kaum je in Zweifel ziehen wird, sie könnten keine deutschen Muttersprachler sein.

Und das wirft meiner Ansicht nach die Frage auf, ob eigentlich hier lebende Schweden, Spanier, Franzosen oder Iren ebenfalls einen Migrationshintergrund haben. Oder sind das einfach bloß Ausländer? EU-Ausländer, um genau zu sein. Das ist entscheidend.

Denn diese beiden Buchstaben machen ohne Ansehung der Person anscheinend auch jeden Kriminellen oder sogar potenziellen Terroristen per se zum friedfertigen Mitglied der demokratisch-pluralistischen westlichen Wertegemeinschaft. Selbst italienische Mafiosi. Und das ist keine Lappalie. Denn für Türken, Kurden, Perser, Araber oder sämtliche Afrikaner scheint zuweilen genau das Gegenteil angenommen zu werden.

Und Holländer? Oder Österreicher? Sind Österreicher überhaupt Ausländer? Oder sprechen die nur komisch? So wie Bayern, Sachsen und Schwaben. Wo verläuft die Grenze? Ab wo genau, von Deutschland aus betrachtet, bekommt ein Mensch seinen Migrationshintergrund?

Und dann, denke ich, darf man auch fragen, ab wann und inwiefern der Umgang mit fremdländischen Menschen rassistische Züge annimmt.

Respekt jedenfalls beginnt bereits bei der Bereitschaft, sich einen fremdländischen Namen zu merken, seine Schreibweise wie auch seine korrekte Aussprache zu lernen oder sich wenigstens spürbar darum zu bemühen.

Ob mir das ebenso ergehen würde, wenn ich eine Karriere als Berufssportler eingeschlagen hätte? Allerdings war das für mich keine Option, ich verfügte nicht über den kleinsten Funken Talent für Sport. Folglich verschwendete ich keinen einzigen Gedanken an eine Karriere als Bundesligaprofi. Da wäre mein Name todsicher selbst von den allergrößten Deppen immer richtig ausgesprochen und mit Sicherheit auch richtig geschrieben und ich im Idealfall sogar berühmt geworden. Wie der ebenfalls in Lüdenscheid geborene Mittelfeldspieler Nuri Şahin, der bei Borussia Dortmund und Werder Bremen Anerkennung und die korrekte Aussprache seines Namens genoss. Und ich hätte ja sogar in der Nationalmannschaft spielen dürfen…

Auch Rockstar wäre eine Möglichkeit und schon aus ganz anderen Gründen sehr wohl im Bereich meines Interesses gewesen. Leider beschränkte sich mein musikalisches Vermögen auf das Aufspüren von LP-Originalen und Vinyl-Raritäten in Second-Hand-Läden.

Eine ehrbare Tätigkeit im öffentlichen Dienst, wie etwa Müllwerker, kam für mich gleichermaßen nicht in Betracht. Ebenso sämtliche handwerklichen Berufe, also auch Presslufthammerbediener oder Baggerbändiger, Elektriker, Dachdecker, Installateur oder Fliesenleger.

Stattdessen verfiel ich auf so etwas Absonderliches wie das Schreiben.

Im Rahmen meiner beruflichen Tätigkeit als PR-Redakteur und Texter wurden immer mal wieder – und zunehmend häufiger – Leistungen bei mir angefragt, die ich leider nicht erbringen konnte, beispielsweise im Bereich Online-Redaktion. Meine Kenntnisse über den nichtlinearen Aufbau von Websites wie auch die Beherrschung einschlägiger Programme zur Foto- und Videobearbeitung oder meine Erfahrung im Umgang mit verschiedenen Content-Management-Systemen und weiterer zwingend erforderlicher Software hielten sich in Grenzen beziehungsweise waren gar nicht vorhanden. Ich habe das schlicht nicht gelernt und bis dato auch so gut wie nie gebraucht.

Jedenfalls sehe ich mich nicht in der Lage, meinen Kunden die von mir im Bereich Texterstellung gewohnte Qualität auch in diesem Metier zu ihrer uneingeschränkten Zufriedenheit bieten zu können.

Das ist natürlich kein unabänderlicher Zustand, denn das kann man selbstverständlich alles lernen. Einschlägige Kurse werden vielfach angeboten. Natürlich kostenpflichtig.

Einer zugegebenermaßen äußerst naiven Überlegung folgend habe ich daher die Agentur für Arbeit angerufen. Ich wollte wissen, ob überhaupt und wenn ja, unter welchen Voraussetzungen, ich als Freiberufler in den Genuss einer Förderung einer derartigen Weiterbildung kommen könnte. Eine simple Frage, die sich problemlos mit ja oder nein beantworten lassen müsste. Dachte ich.

Wirklich, ich hatte tatsächlich geglaubt, eine solche Auskunft würde ich am Telefon innerhalb von zwei Minuten erhalten können.

Nicht in Deutschland.

In Deutschland wird man zunächst mal zu einem Vorgang. Dazu wird unverzüglich eine Akte angelegt. Und dazu wiederum muss ich wieder einmal meinen Namen buchstabieren.

Darin bin ich geübt.

Schon recht früh habe ich begriffen, dass ich die

besten Erfolge erziele, wenn ich meinen Nachnamen gemäß deutschem Kaufmannsalphabet aufsage: Siegfried, Heinrich, Anton, Heinrich, Doppel-Emil, Nordpol.

Die Wahrscheinlichkeit, auf diese Weise in diesem Land verstanden zu werden, ist relativ hoch, eine hundertprozentige Trefferquote darf man allerdings auch dabei nicht erwarten.

Übrigens ist das heute auch nicht mehr ganz zeitgemäß, denn nach DIN 5009, Buchstabieralphabet wird das S mittlerweile als Samuel gesprochen. Das Z übrigens Zacharias. Allerdings sind abweichend von dieser gültigen Norm die aus der Buchstabiertafel von – Achtung: 1934 – stammenden Bezeichnungen Siegfried für S und Zeppelin für Z nach wie vor gebräuchlich.

Ebenso gut könnte ich meinen Namen natürlich gemäß Fliegeralphabet nach internationalem Standard buchstabieren, das – wie ich bei der Bundeswehr lernen durfte – auch bei den NATO-Streitkräften Anwendung findet. Aber nur zu gut erinnere ich mich noch an jenen Kandidaten, der einst in Wim Thoelkes Quizsendung *Der Große Preis* im ZDF bei der Auswahl der ihm zu stellenden Frage von der sogenannten Multivisionswand sich eben dieses Alphabets bediente und vom Moderator zurechtgewiesen wurde. Mit Alfa, Bravo, Charlie, Delta, Echo, Foxtrott kommt man zwar spielend durch internationalen Luftraum, in Deutschland aber nicht sehr weit.

Nicht im deutschen Fernsehen. Und schon gar nicht in deutschen Behörden, Arztpraxen, Krankenhäusern, Banken oder gar in Filialen der Post. Anton, Berta, Cäsar, Dora, Emil, Friedrich hingegen führen problemlos ans Ziel. Meistens jedenfalls.

Am Telefon scheint das erstaunlicherweise sogar besser zu klappen, da wird offenbar konzentrierter zugehört. Ist hingegen unmittelbarer Blickkontakt gegeben, wenn etwa an einem Schalter ein Formular auszufüllen ist, lässt sich immer wieder ein höchst erstaunliches Phänomen beobachten: Deutsche Sachbearbeiter, auch solche mit ausländischen Wurzeln, also sagen wir besser mal: Sachbearbeiter in Deutschland können sehr viel schneller schreiben als hören. Möglicherweise gilt aber auch der Umkehrschluss: Sachbearbeiter in Deutschland hören signifikant langsamer als sie schreiben können. Ich weiß das genau, ich kann das schließlich unmittelbar verfolgen, wenn ich ihnen am Schalter gegenüberstehe.

„Name?“
„Shaheen. Das buchstabiere ich Ihnen: Siegfried, Heinrich, Anton… Nein, Entschuldigung! Bitte ohne Cäsar!“
„Bitte?“
„Sie haben S-C-H geschrieben. Wie Schule. Shaheen wird aber ohne C. geschrieben. Nur Siegfried-Heinrich, keine Schule.“

„Keine was, bitte?“

„Keine Schule. Nur Siegfried-Heinrich. Ohne Cäsar!“ Dann wird durchgestrichen, und wir fangen noch einmal neu an:

„Siegfried, Heinrich, Anton, Heinrich… Nein! Entschuldigung!“

„Ja?“

„Jetzt haben Sie ein ‚I‘ geschrieben!“

„Ja, wieso? Shahin…??“

„Aber das wird mit Doppel-E geschrieben!“

„Nicht mit I?“

„Nein. Nicht mit I.“

Jetzt wird wieder durchgestrichen. Und noch einmal von vorne:

„Siegfried, Heinrich, Anton, Heinrich, Emil, Emil… Halt!“

„Ja?“

„Jetzt haben Sie aber leider das zweite Heinrich vergessen.“

„Habe ich? Es-ha-a-e-e-oh-tutmirleid.“

„Kann ja mal passieren. Ich buchstabier‘s einfach noch mal von vorne.“

„Moment, ich brauche ein neues Formular.“

Nach erfolgreich absolviertem Buchstabieren meines Namens nach Kaufmannsalphabet von 1934 und also Registrierung meiner Person als Neukunde bei der Agentur für Arbeit, die ja kein Amt mehr sein soll, bekomme ich von derselben erst mal einen Termin für ein weiteres Telefonat, bei dem umfassend Daten erhoben werden. Etwa, kein Scherz, wann meine Grundschulzeit war.

„Das kann ich Ihnen auch so sagen", hatte ich kühn entgegnet.

„Auf den Tag genau?"

„Äh – nein, das natürlich nicht."

„Dann schauen Sie das bitte nach. Wir vereinbaren jetzt einen Termin, Sie werden dann zurückgerufen. Es wäre gut, wenn Sie zu diesem Termin alle Unterlagen vorliegen haben."

Jawoll!

Als die Stunde des Rückrufs naht, fällt mir ein, dass ich vergessen habe, meine Mutter nach dem Datum meiner Taufe und etwaigen krankheitsbedingten Abwesenheiten im Kindergarten zu fragen. Für alle Fälle.

Aber das will wundersamer Weise niemand wissen. Auch reichen tatsächlich das Jahr meiner Einschulung sowie das Jahr des Wechsels aufs Gymnasium und das Jahr meines Abiturs. Die exakten Tage sind plötzlich nicht mehr erforderlich.

Nachdem ich umfassend dargelegt habe, wer ich bin und über welche Schulbildung ich verfüge, will ich erneut meine Frage stellen.

„Dazu vereinbaren wir jetzt einen Termin hier in der Arbeitsagentur mit Ihrem persönlichen Berater."

Ah ja.

Die Mitarbeiterin im Call-Center unterbreitet mir nacheinander drei Vorschläge in nächster Zeit, die ich aufgrund beruflicher Verpflichtungen allesamt nicht wahrnehmen kann.

Ich schlage ihr daher meinerseits drei Termine in einer späteren Kalenderwoche vor. Sie meint, sie könne lediglich zwei Wochen im Voraus Termine vergeben, habe ansonsten keinerlei Zugriff auf die Kalender der Berater. Sie würde meine Einschränkungen und Vorschläge aber notieren, das würde selbstverständlich berücksichtigt. Meinen Termin bekäme ich dann per Post zugeteilt.

Die Post kommt.

Adressiert ist sie an Herrn Amir Seaheen – eine interessante Variante, die kannte ich noch nicht.

Die Post, die früher meinen Vater, unsere Familie und später auch mich erreichte, war adressiert an Namen, die mal mehr, mal weniger Ähnlichkeit mit unserem aufwiesen. Aus der langen Reihe der Variationen waren die harmlosesten Abweichungen die mit einem eingeflossenen ‚c' (Schaheen), jene mit ‚m' oder ‚k' vermutlich bloß schlichte Tippfehler oder Verhörer: Shahem, Shakeem, Shakeen und dergleichen mehr. Aus einem ‚h', zweimal ‚ee' und einem ‚n' Schakuhm zu bilden, erfordert hingegen etwas mehr Kreativität. Oder aber noch weniger präzises, eigentlich gar kein Zuhören, wenn der Name genannt wird.

Die Post an Herrn Seaheen enthält einen viel zu frühen Termin, den ich nicht wahrnehmen kann.
Ich rufe umgehend die Arbeitsagentur an. Ein anderer Mitarbeiter. Er will meine Kundennummer wissen.
„Wo finde ich die denn?"
„Oben rechts unter dem Briefkopf."
„Nee, da steht nichts."
„Dann sagen Sie mir bitte mal Ihren Namen."
„Gerne, aber wie? So wie er richtig geschrieben wird? Oder wie er hier falsch steht?"
„Die richtige Schreibweise, bitte."
„Shaheen. Das buchstabiere ich Ihnen: Siegfried, Heinrich, Anton, Heinrich –"
„Ahmier?"
„Hm."
„Ja, ich hab' Sie hier. Genau so geschrieben, wie Sie buchstabiert haben. Und hier ist auch hinterlegt, wann Sie frühestens Termine wahrnehmen können."
„Ach, was. Und warum hat dann der mir unbekannte Herr Seaheen, der angeblich unter meiner Adresse wohnen soll, bereits eine Einladung von Ihnen bekommen?"

„Tut mir leid, aber die Berater lesen die Mitteilungen, die wir denen senden, manchmal nicht gründlich. Wir schicken Ihnen einen neuen Termin."

Bevor ich meinen neuen Termin erhalte, bekommt Herr Seaheen abermals Post: ein umfangreiches **Arbeitspaket und Leistungsunterlagen.** Zu den Leistungsunterlagen gehört auch ein *Fragebogen zur Erhebung des Migrationshintergrundes.*
Ich staune und lese:

Ziel *der Befragung ist es, Statistiken zum Arbeitsmarkt und zur Grundsicherung für Personen mit und ohne Migrationshintergrund darzustellen. Hierfür bitten wir um Ihre Mithilfe.*
[...]
Die Beantwortung ist selbstverständlich freiwillig.

Das ist gefettet hervorgehoben.
Und nicht ohne Humor. Somit hat es nun jeder selbst in der Hand, ob er sich freiwillig diskriminiert oder nicht. Anzukreuzen ist jeweils *Trifft zu, Trifft nicht zu* oder *Keine Angabe.*

Ich besitze die deutsche Staatsangehörigkeit.
Ich bin auf dem heutigen Gebiet der Bundesrepublik Deutschland geboren.
Trifft beides zu.

Mein Vater ist außerhalb des heutigen Gebiets der Bundesre-
publik Deutschland geboren und ist nach 1949 (1950 oder
später) zugewandert.
Auch das trifft zu.

Ich entscheide mich dennoch, nicht nur keine Angaben zu machen, sondern den Fragebogen gar
nicht erst auszufüllen.
Dummerweise habe ich den ganzen Unfug selbst,
und noch dazu ohne Not, angezettelt. Nach etwa
fünfzig Jahren in diesem Land hätte mir bewusst
sein müssen, dass man nicht mal eben so mir nichts,
dir nichts eine der größten Behörden des Landes
anruft und – noch dazu als dort nicht einmal re-
gistrierter „Kunde" – umgehend per Telefon eine
Auskunft erhält. Da könnte ja jeder kommen. Womöglich sogar Ausländer...

Dafür weiß ich nun aus erster Hand und zweifelsfrei, was es mit dem Migrationshintergrund auf
sich hat und wie es sich anfühlt, sich mit derartigen behördlichen Schreiben auseinandersetzen zu
müssen. Denn wie es sich gehört, wird die gesetzli-
che Grundlage, auf der der *Fragebogen zur Erhebung*
des Migrationshintergrundes fußt, im selben Schreiben
explizit angegeben. Grundlage ist die *Migrationshin-*
tergrund-Erhebungsverordnung vom 29. September 2010.
Veröffentlicht im Bundesgesetzblatt I, Seite 1371.

Somit ist es also amtlich:
Früher war mein Vater einfach bloß Ausländer.
Heute habe ich einen Migrationshintergrund.

Immerhin erhalte ich einen neuen Termin zuge-stellt, der mit meinen Vorgaben kompatibel und überdies auch korrekt an Herrn Shaheen adressiert ist. Ich bereite mich darauf vor, mich vor Ort um-fassend identifizieren zu müssen. Ob mein noch gültiger Personalausweis dazu ausreichen wird? Si-cherheitshalber nehme ich noch meinen Reisepass mit und stecke auch eine beglaubigte Kopie meiner Geburtsurkunde ein. Brauche ich womöglich einen Bürgen? Da ich die freiwilligen Angaben zu meinem Migrationshintergrund verweigert habe, werden sie vermutlich meine Fingerabdrücke nehmen…

Pünktlich erscheine ich in dem riesigen Gebäude, melde mich an der Rezeption und darf dann erstaunlicherwei-se alleine das angegebene Büro aufsuchen. Ich nehme im Wartebereich Platz. Dann werde ich aufgerufen.
Der Berater ist überaus freundlich, erkundigt sich nach der richtigen Aussprache meines Namens. Den Fragebogen erwähnt er mit keinem Wort, ei-nen amtlichen Identitätsnachweis will er auch nicht sehen. Er erkundigt sich nach meinem Anliegen.
Endlich bin ich am Zug! Ich lege los und gerate da-bei etwas ins Plaudern. Und nur deshalb dauert es

geschlagene vier Minuten, bis ich die Antwort auf meine Frage erhalte. Sie lautet:

Nein.

Türkisch für Nicht-Araber (4)

Zu beinahe noch nachtschlafender Zeit, um Viertel vor sieben, habe ich mich missmutig in der Sporthalle eingefunden, um „Aktiv in den Tag", so der Titel dieser auf nüchternen Magen zu absolvierenden Therapieeinheit, zu starten und dabei Bewegungen auszuführen, die meinem Körper seit mindestens dreißig Jahren restlos abhandengekommen sind.
Wie einst in der Schule kauern wir fröstelnd in mehr oder minder gut sitzender und angemessener Sportkleidung nebeneinander auf den Bänken an der Wand und warten mehr schläfrig als aktiv, eher missmutig als motiviert, was der Sporttherapeut mit uns vorhat. Türke ist auch er nicht, das ist sicher, und als erstes ruft er unsere Namen auf, um die Anwesenheit zu überprüfen. Genau wie damals, denke ich. Fehlt nur noch, dass wir hier Zensuren bekommen.
„Reimann."
„Hier!"

„Roth.“

„Anwesend.“

„Okay. Sa-, Sa-, äh: Sahim?“

Niemand fühlt sich angesprochen.

„Entschuldigung: Sa-hin?“

Meinen Namen gibt es auch im Türkischen. Gleiche Lautung, gleiche Bedeutung, aber gänzlich andere Schreibweise: Şahin. Das kann man eigentlich nicht so leicht verwechseln. Hatte ich gedacht.

„Ja, ich glaube…“, sagt eine Stimme fünf, sechs Plätze links von mir, als ich gerade behaupte: „Das bin wohl ich.“

„Wer jetzt?“

„Kann sein“, kommt es von links, „mein Name ist eigentlich Şahin.“

„Und ich heiße Shaheen.“

„Wie wird das geschrieben?“

„Mit Haken unterm S, aber ist nicht so wichtig“, sagt es links.

„Englisch“, sage ich, „mit SH und Doppel-E. Wär allerdings schon wichtig, damit Sie uns nicht verwechseln.“

„Sa-hin, Jilmatz?“

„Yılmaz, genau.“

„Jilmatz, sag ich doch. Sie wärn also geklärt. Schneider – ist…? Da. – Seeger? Auch da. Scha-hän, Aah-miehr?“

„Nicht ganz: Shaheen. Wie gesagt, englisch geschrieben und auch so ausgesprochen. Und mein Vorname ist Amir."

„Sie stiften ja ganz schön Verwirrung am frühen Morgen, Sie beide!"

„Wieso wir?", fragt es links.

„Sind Sie Perser?"

„Nein Deutscher, aber mein Name ist türkisch. Ist derselbe Name."

„Mein Name ist arabisch. Er bedeutet aber tatsächlich dasselbe."

„Ist ein Vogel: Falke."

„Exakt."

„Was Sie nicht sagen. Aber so genau woll'n wir das jetzt gar nicht wissen. Sonst ist unsere Stunde gleich rum. Wir machen jetzt lieber schnell die Liste durch und dann gibt es Bewegung! Auch für unsere beiden Spaßvögel hier!"

Da wir uns alle noch nicht kennen und sich die Zusammensetzung der Morgenaktivisten wie auch die im individuellen Therapieplan vorgesehenen Trainingseinheiten ständig ändern und also verschiedene Sportlehrer den Tag schon vor dem Frühstück mit grundsätzlich alltagsferner Anstrengung zu füllen versuchen, wird sich der Dialog am übernächsten Morgen wiederholen. Wenn auch in verkürzter Form.

Zunächst aber haste ich zu einem schnellen Frühstück und gleich anschließend zurück auf mein Zimmer, unter die Dusche und sofort weiter zur offiziellen Willkommens- und Einführungsveranstaltung, die laut Therapieplan im Konferenzraum in einem Trakt im komplett entgegengesetzt liegenden Gebäudeteil stattfindet. Und zwar bereits um 8.15 Uhr – die Teilnahme ist verbindlich.

Der Herr Ötztürk heißt natürlich Öztürk. Und mit Vornamen Murat. Ungefähr in meinem Alter, schwarze Haare. Und er trägt einen Bart, einen türkischen Bart, sozusagen. Ich treffe ihn vor den noch verschlossenen Türen, vor denen sich etliche neu angekommene Rehabilitanden versammelt haben.
„Strammes Programm hier, was?", sagt er, als ich mich etwas außer Atem neben ihm einfinde.
„Kann man wohl sagen", japse ich zurück. „Von orientalischer Gelassenheit habe ich bislang jedenfalls noch nichts gespürt. Aber vermutlich gibt's gleich eine Ansprache auf Türkisch."
„Bloß nicht!", meint er. „Mein Türkisch reicht gerade mal, um die ganzen Zettel lesen zu können."
„Deutscher?", frage ich.
Er bejaht, und wir stellen uns mit Namen vor.
„Allerdings bin ich hier Türke", füge ich hinzu.
„Und ich dachte, ich könnte dich jetzt fragen, was ich als Türke beachten muss, um niemanden in Misskredit zu bringen."

„Keine Ahnung. Ich bin hier geboren. Mein Vater hatte seinen Lebensmittelpunkt eindeutig hier. Wir sind früher auch nicht so oft in seine Heimat gefahren. Er war Arzt."

„War bei mir ganz ähnlich."

Dann wird die Tür zum Konferenzraum geöffnet.

Kaum habe ich mich neben Murat auf einem Stuhl niedergelassen, werden wir auch schon von belanglosen Worten – tatsächlich: vollständig und ausschließlich auf Deutsch, einen Dolmetscher gibt es nicht – aus dem Munde eines zuständigen medizinischen Leiters oder Klinikdirektors überschwemmt.

„Unser tägliches Bestreben ist es, dass Sie alle sich hier angenommen, gut versorgt und in den besten Händen fühlen. Daher achten wir neben einer zielgerichteten bestmöglichen therapeutischen Versorgung auch auf eine gute Service- und Dienstleistungsqualität", dringt es an mein Ohr. „Darüber hinaus legen wir größten Wert auf kulturelle Toleranz und Höflichkeit im Umgang miteinander. Freundlichkeit und Hilfsbereitschaft sind für uns im täglichen Miteinander absolut unabdingbar, und wir erwarten, dass dies ebenso für das Verhältnis unter unseren Patienten gilt. Natürlich ist uns bewusst, dass es auch beim größten Bemühen während der Therapien zu Problemen und Konflikten, nicht zuletzt aus kulturellen oder religiösen Gründen, kommen kann. Bitte glauben Sie uns, dass dies nicht in diskriminierender Absicht geschieht. Sollten Sie also mit irgendetwas ein Problem haben, sprechen Sie uns…"

Ich höre nicht mehr richtig zu. Meine Gedanken schweifen ab, ich muss an meinen Vater denken.

Zugvogelfrühstück –
Care-Pakete aus Nahost

Mein Vater war kein Zugvogel.
Er war gekommen, um hier zu bleiben.
Er war überaus anpassungsbereit und lernfähig.

Arzt war er allerdings nicht. Auch wenn einige Mitbürger das nicht wahrhaben wollten und ihn ein ums andere Mal zum Mediziner machten.
Das geschah gänzlich ohne sein Zutun, völlig gegen seinen Willen und gottlob auch immer nur temporär. Manche Leute wollten in ihm nun mal partout den türkischen Arzt sehen, der in den siebziger Jahren am örtlichen Krankenhaus beschäftigt war. Jegliches Leugnen und Richtigstellen war komplett zwecklos. Dabei sahen sich die beiden – außer ihrer ähnlichen Körpergröße, ihrem Haarschopf und ihrer irgendwie „exotisch-orientalisch" anmutenden Physiognomie – nicht gerade ähnlich.

Außerdem war mein Vater als Lehrer in einer Kleinstadt bekannt wie der sprichwörtliche bunte Hund. Um im Bilde zu bleiben, müsste ich allerdings von einem grauen Hund sprechen. Er war so bekannt, wie der einzige graue Hund weit und breit inmitten lauter andersfarbiger Hunde. Denn sein volles schwarzes Haar hatte früh die Farbe gewechselt. Da er zudem, gemessen an deutschen Standards, eher klein von Statur war, musste er zwangsläufig auffallen. Zudem hatte die örtliche Presse mehrfach über ihn berichtet. Mit Bild!

So war etwa sein allererster Besuch im Sauerland 1959 der Lokalzeitung ein großer Bericht wert. Unter der Überschrift „Araber liebt Berge und Grün der Wälder" liest man allerdings auch heute sehr befremdliche Zeilen:
„Mit dem schwarzen gewellten Haar, der getönten Haut, den dunklen Augen und dem schmal geschnittenen Gesicht mit der vorspringenden Mund- und Kinnpartie ist Deeb Shaheen ein typischer Vertreter seiner Rasse. Da Hans Löffler das Bild seines Freundes in seinen Lichtbildvorträgen ‚10 Jahre Israel' gezeigt hatte, wurde der arabische Gast in Altena sogar auf der Straße erkannt – und daraufhin angesprochen."
Wie wenig aber solcherlei Information und Aufklärung zuweilen selbst in der eigenen Zunft fruchtet,

ließ sich bereits vier Jahre später feststellen. Da nämlich machte ein vermutlich übermotivierter Redakteur meinen Vater zum „jüdischen Lehrer" und mutmaßte, zwei Rowdies „machten sich über die Kopfbedeckung des Juden lustig". Richtig an der Notiz zu einer Gerichtsverhandlung ist allein, dass mein Vater wie mehrere andere Menschen, was unter der Überschrift „Kein Passant war vor ihnen sicher" auch berichtet wird, von besagten stark alkoholisierten „halbstarken Rüpeln" angepöbelt und tätlich angegriffen wurde. Zufällig, wahllos, und ganz sicher nicht wegen einer – wie hier suggeriert wird – Kippa, die mein Vater definitiv nicht trug. Offenbar hatte das Schlagwort Israel im Zusammenhang mit seiner Person ausgereicht, um den Journalisten ob dieses ungeheuerlichen Angriffs in seiner kleinen Stadt in vollständige Schockstarre zu versetzen und von sämtlichen Tugenden seines Handwerks abirren, Sorgfaltspflicht und Recherche gänzlich dahin fahren zu lassen.

1972 dann, begleitete mein Vater eine Reisegruppe aus seiner neuen Heimat ins Heilige Land. In seiner Geburtsstadt Nazareth wurde die Gruppe von seinem Cousin Antoine Shaheen empfangen. Der war Leiter des dortigen Touristik-Büros. Einige Jahre später wurde er Direktor im Touristikministerium und war zuständig für Nord-Israel. Unter der Überschrift „Reisegruppe wurde in Israel auch vom Stadtdirektor der Stadt Nazareth empfangen" schrieb die Westfälische Rundschau: „Ein nicht erwartetes Ereignis war der Empfang der Reisegruppe durch den Stadtdirektor von Nazareth. D. Shaheen, in Nazareth geboren, jetzt Lehrer an der Mühlendorfer Schule, hatte die Begegnung arrangiert."

25 Jahre später, im Juli 1997, ließ es sich dieselbe Zeitung nicht entgehen, den Cousin meines Vaters zu interviewen und ausführlich mit Bild darüber zu berichten. „Pensionierter Tourismus-Direktor zu Besuch bei seinem Vetter Deeb in Altena" lautete die Dachzeile, darunter dann fett die zweizeilige Headline. „Arabisches Blut, israelisches Volk und katholisches Gebet: Shaheen besucht Shaheen" bringt der Journalist ihre Biografien auf eine knappe, aber zutreffende und leicht verständliche wie einprägsame Formel.

Kaum jemand in der Stadt, so schien es mir oft, der nicht wusste, wer er war. Und je länger er unterrichtete, desto mehr Eltern, Schüler, ehemalige Schüler kannten ihn. Dennoch wurde er verwechselt. Mit eben jenem Arzt, der meinem Vater so sehr glich wie ein Dackel einem Terrier. Aber unter lauter deutschen Schäferhunden gehen die dann wohl als eineiige Zwillinge durch. Jedenfalls mit sauerländischen Augen betrachtet. Oder auch solchen, die Schwarzafrikaner einfach nicht unterscheiden können, weil die doch alle völlig gleich aussehen…

Wenn ich als noch kleiner Junge mit meinem Vater in der Stadt einkaufen war, passierte es immer mal wieder, dass wildfremde Menschen begeistert auf ihn zustürmten und ihn freudestrahlend begrüßten: „Guten Tag, Herr Doktor!"
Nachdem er sich lange Zeit immer wieder aufs Neue vergebens bemühte, den Irrtum aufzuklären, gab mein Vater resigniert auf. Meist grüßte er also höflich zurück und kam quasi ungeschoren davon.
Manche aber suchten das Gespräch, bedankten sich bei ihm für die gute Behandlung, andere schilderten ihre Leiden oder akute Schmerzen und wollten eine Diagnose oder einen Termin. Mein Vater wehrte ab. Die Menschen waren dann irritiert, andere glaubten ihm nicht und meinten vermutlich, er wolle in seiner Freizeit nicht behelligt werden. Erstaunlich, wie genau sich manche Menschen eigentlich die Leute ansehen, denen sie ihre Gesundheit anvertrauen und die sie zu diesem Zwecke hautnah an sich heranlassen…

„Herr Dokter, Herr Dokter!! Ach, wie gut, dass wir Sie treffen!"
„Entschuldigung, aber ich bin nicht –"
„Jetz' sehnse sich das an: Er raucht schon wieder!"

„Tut mir leid, ich bin nicht –"

„Auf mich hörter ja nich! Sagense mal was!"

„Ich bitte um Verständnis, ich weiß wirklich nicht, wer Sie –"

„Schmidt, wissense, der hohe Blutdruck, viel zu hoch und geht ja auch nich' runter. Aber Herr Dokter, was sollich'enn machen? Er hört ja einfach nich!!"

Mein Vater blickte das Ehepaar eindringlich an. Dann sagte er:

„Ich bin nicht befugt, Ihnen Ratschläge zu erteilen. Aber wenn Sie meine persönliche Meinung hören wollen: Gesund ist es nicht gerade… Besser wär es natürlich schon, er könnte damit aufhören."

„Da! Da hörstes selber!", erboste sich die Frau und riss ihrem Mann die brennende Zigarette aus dem Mund. „Das war die Letzte, das schwör ich dir! Vielen Dank, Herr Dokter, Sie ham mir sehr geholfen."

Und der, der es eigentlich besser hätte wissen müssen, stand stumm daneben und ließ die Attacke seiner übergriffigen Ehefrau ohne Protest oder Gegenwehr über sich ergehen.

An der Hand meines Vaters habe ich große Augen gemacht und mich königlich amüsiert.

Mein Vater war integriert, galt allenfalls als Ausländer. Wobei die allermeisten Menschen unserer Stadt die Verwendung dieses Begriffes lediglich beschreibend gewählt und mit Sicherheit keinerlei Ausgrenzung oder Diskriminierung damit verbunden haben dürften. Ich jedenfalls habe nie etwas Derartiges gespürt oder erlebt. Der Migrationshintergrund war noch nicht erfunden.

Vielleicht, denke ich heute, wäre es manchmal hilfreich gewesen, wenn ich ihn damals schon gehabt hätte, meinen Migrationshintergrund. Etwa im Kunstunterricht. Da war ich nicht sonderlich begabt. Ich konnte nicht zeichnen, nicht mal wirklich gut malen. Ich war auch viel zu ungeduldig. Wenn die Lehrer mich zu meinen groben Werken befragten, hätte ich beispielsweise in der Unterstufe sagen können:
„Das da? Das ist mein Migrationshintergrund. Den habe ich rot gemalt."
Oder in der Mittelstufe:
„Wundert mich jetzt nicht, dass Ihrer Ansicht nach die Proportionen nicht stimmen. Aber mein Migrationshintergrund, den ich hier mit einbezogen habe, ist nun mal sehr dominant."
Oder:
„Wenn Sie nicht erkennen können, was das sein soll, dann liegt es an meinem Migrationshintergrund. Der ist natürlich voll präsent und liegt daher als Schatten farblich über allem."

Meine Bilder und ich mussten aber leider ohne diese fabelhaften Erklärungen auskommen.

Das Wort Migration gab es zwar schon, aber es war offenbar nicht primär für Menschen gedacht. Zu seinem Geburtstag im April 1962, das hat er fein säuberlich handschriftlich auf dem Vorsatzpapier festgehalten, hat mein Vater ein Wörterbuch geschenkt bekommen: Exakt dieses Exemplar – Rechtschreibreformen waren äußerst selten zu jener Zeit, die Gültigkeit derartiger Nachschlagewerke währte beinahe ewig – hat auch mich bis in die Unterstufe hinein begleitet; später ist es in meinen Besitz übergegangen.

In diesem Duden – „Rechtschreibung der deutschen Sprache und der Fremdwörter / 15., erweiterte Auflage / Jubiläumsausgabe / Völlig neu bearbeitet von der Dudenredaktion unter Leitung von DR., PHIL. HABIL. PAUL GREBE", Mannheim 1961 – ist der Begriff ‚Migration' direkt nach ‚Migräne' aufgeführt. Er wird erklärt als: „lat. (Wanderung [der Zugvögel])".

Ein halbes Jahrhundert später heißt das Buch etwas anders, und sein Untertitel und weitere Angaben zu dieser Ausgabe klingen einschüchternd: „Duden – Die deutsche Rechtschreibung / 24., völlig neu bearbeitete und erweiterten Auflage / Herausgegeben von der Dudenredaktion / Auf Grundlage der neuen amtlichen Rechtschreibregeln", Mannheim 2006. Noch immer geht der heftige Kopfschmerz voraus.

Der Migräne folgt dann aber zunächst der Migrant: „Soziol. Aus- oder Einwanderer", bevor die Migration als „Biol. Soziol. Wanderung" erklärt wird. Ohne zusätzliche eckigen Klammern. Die Zugvögel sind verschwunden. Haben sich aus den eckigen Klammern befreit und sich dünne gemacht. Gerade so, als wollten sie mit diesem dubiosen Phänomen, das auf einmal Menschen einbezieht, lieber nichts mehr zu tun haben.

Als er nach Deutschland gekommen war – meine Eltern kannten sich da bereits, waren aber noch nicht verheiratet –, bewohnte mein Vater zunächst ein möbliertes Zimmer mit Frühstück. Seine Vermieterin, oder sagen wir besser: Wirtin, wollte ihm entgegenkommen und fragte ihn, was er zum Frühstück wünsche.
Mein Vater wollte sehr bescheiden sein und bat lediglich um schwarzen Tee, Weißbrot, ein paar Oliven und etwas weißen Käse, Schafskäse.

Ach, du liebe Zeit! Was für ein Ansinnen! Die Wirtin rannte sich die Hacken ab nach dem Gewünschten, um festzustellen, dass drei-, viermal Frühstück für meinen Vater sie so viel kostete wie er ihr an Miete für den ganzen Monat einbrachte.
Schwarzen Tee kannte man gemeinhin nur als Ostfriesenmischung, etwa von der Firma Bünting.

Oliven und Schafskäse galten als Delikatessen, die, wenn überhaupt, lediglich in Feinkostläden zu bekommen waren.

Zehn Jahre später hatte sich die Lage noch immer kaum geändert. Der Versorgungsengpass hatte sich allerdings rumgesprochen bis in seine alte Heimat. Mein Vater benötigte dringend Hilfe, dachte man dort. Fortan bekamen wir Care-Pakete. Die schickte uns Atef, der beste Freund meines Vaters. Atefs Familie besitzt bis zum heutigen Tag eine bekannte Kaffeerösterei und einen Gewürzhandel. Regelmäßig, über viele Jahre hinweg, kamen von ihm große, stabile Kartons aus grober, schwerer Pappe, gefüllt mit wunderbaren Köstlichkeiten. Einmal im Jahr wurden wir exklusiv mit Orangen, getrockneten Aprikosen, Halva und arabischem Kaffee aus seiner Rösterei, Pistazien und diversen orientalischen Gewürzen beliefert. Damals. Als Lebensmittel noch nicht per Flugzeug um die halbe Welt reisten und noch nicht jedes exotische Gewächs überall und jederzeit verfügbar, ja, hierzulande nicht einmal bekannt war.

Ich erinnere mich gut, wie wir noch Mitte bis Ende der siebziger Jahre in den größeren Nachbarstädten in verschiedenen Läden und den Lebensmittelabteilungen von Kaufhof und Karstadt nach Pinienkernen, schwarzen und grünen Oliven, bestimmten Teesorten, Olivenöl oder Gewürzen fahndeten. Von Halva oder Datteln und Feigen, die es allenfalls getrocknet gab, hatte hier, wo Grapefruit Pampelmusen waren, kaum ein Mensch etwas gehört. Ich liebte diese Süßigkeit und die Früchte. Erst allmählich, mit der zunehmenden Zahl sogenannter Gastarbeiter, hauptsächlich den Türken und Arabern aus verschiedenen Ländern, weitete sich das Angebot. Viele Jahre aber blieben wir, insbesondere natürlich mein Vater, auf die Lebensmittellieferungen aus Nazareth angewiesen.

Manchmal kochte mein Vater. Er machte Humus, Kibbeh, Kafta und gefüllte Kartoffeln oder grüne Bohnen in Tomatensoße oder, immer an Weihnachten, ein gefülltes Huhn. Nach Rezepten seiner Mutter, aus seiner Heimat. Das war ein Problem. Denn zu jedem dieser Gerichte benötigte man beispielsweise Pinienkerne. Pinienkerne! Die waren in den siebziger Jahren im Sauerland nicht leicht aufzutreiben. Heute bekommt man sie für wenig Geld beim Aldi. Aber damals…

Dank der jährlichen Care-Pakete aus Nahost, die damals noch völlig unproblematisch den Zoll passierten, ohne meine Eltern in existenzgefährdende Kosten zu stürzen, gab es bei uns auch jederzeit arabischen Kaffee: Mokka, mit Kardamom versetzt, der in der Kanne auf der Herdplatte aufgekocht wird.

Häufig nach dem Essen und immer wenn besondere Gäste kamen, kochte meine Mutter arabischen Kaffee. Mancher mochte ihn, andere vertrugen ihn überhaupt nicht. Seit ich ungefähr 14, 15 war, durfte auch ich ihn probieren. Es war ein Genuss! Er schmeckte mir sofort, und ich liebte ihn auf Anhieb. Und was noch viel wichtiger war: Ich vertrug ihn bestens. Im Gegensatz zu deutschem Filterkaffee.

Als ich dem Kakaoalter entwachsen war, durfte ich wählen: Kaffee oder Tee. Ich musste mich nicht lange entscheiden, denn meine Geschmacksnerven verwarfen das Kaffee-Experiment augenblicklich nach dem ersten Schluck. Unwiderruflich. Ich trank fortan wie mein Vater schwarzen Tee zum Frühstück. Anfangs mit Milch und Zucker, später ließ ich zuerst die Milch, schließlich auch den Zucker weg. Kaffee, Filterkaffee mochte ich überhaupt nicht. Er schmeckt mir bis heute nicht und ich vertrage ihn auch nicht.

Meine Erfahrungen mit aufgebrühtem Kaffee sind allesamt nicht positiv verlaufen. Mein Magen rebelliert umgehend, mein Körper gerät in Aufruhr. Nach Feten bei Freunden wie auch auf Reisen bin ich beim Frühstück immer nach dem Motto verfahren: Lieber einen schlechten Tee als einen guten Kaffee. Eher greife ich zu einem medizinischen Getränk wie Pfefferminztee im Aufgussbeutel, als auch nur eine einzige Tasse Kaffee zu trinken. Ich habe es mehrfach versucht, es ist sinnlos. Danach ist der Tag für mich gelaufen. Arabischer Kaffee hingegen bereitet mir keinerlei Probleme. Im Gegenteil.

Eines Nachts gegen Ende meines ersten Semesters war ich mit einigen Kommilitonen unterwegs. Wir zogen um die Häuser und endeten schließlich in einer von Griechen betriebenen Gaststätte, die noch geöffnet hatte. Es war weit nach Mitternacht. Zwei, drei bestellten Kaffee.

„Und was trinken Sie?"

Auch mir stand zu dieser fortgeschrittenen Stunde nicht der Sinn nach noch mehr Alkohol. Aber Kaffee kam natürlich nicht in Frage. Auch nach Tee war mir nun überhaupt nicht. Schwarzen Tee trinke ich morgens zum Frühstück. Aber nachts? Einen Kakao mit Sahne würde ich hier wohl kaum bekommen. Dennoch fragte ich danach.

„Tut mir leid. Wir sind griechische Restaurant. Keine Schokolade, keine Cappuccino."

„Aber einen griechischen Kaffee könnten Sie um diese Zeit noch machen, oder? Metrio, halbsüß?"

„Sehr gut! Sind Sie Grieche?"

„Ich bin Deutscher."

„Nee, nee, Deutsche bestellen das nicht."

„Der ist auch gar kein echter Deutscher", sagte ein Kommilitone. „Der ist auch ein Kanake, eigentlich ist der Araber. Aber er gibt das nicht zu."

So ähnlich schien auch einer meiner Profs gedacht zu haben, dessen Sprechstunde ich aufsuchen musste, um das Thema für eine Hausarbeit abzustimmen. Unvermittelt fragte er mich:

„Sprechen Sie eigentlich die Sprache, aus der der Name stammt, den Sie tragen?"

„Nein."

„Bedauerlich. Wieso nicht?"

„Ich bin im Sauerland rein deutsch aufgewachsen."

„Wie schade. Woher stammt Ihr Vater?"

Ohne nachzudenken beantwortete ich seine Frage wie ich es zuletzt ein Jahr zuvor bei jener nächtlichen Entgleisung meiner Vorgesetzten beim Bund getan hatte.

„Aus Israel."

„Interessant. Und woher dort genau?"

„Aus Nazareth.

Das ließ ihn stutzen.

„Und warum wählen Sie nicht die korrekte Bezeichnung des Landes, in dem Ihr Vater geboren wurde?"

Der griechische Mokka wurde mir in einem kleinen kupferfarbenen Kännchen mit einem langen Stiel serviert. Ganz ähnlich dem emaillierten, das meine Mutter gebrauchte. Wie lange hatte ich so etwas nicht getrunken? Ich war sehr lange nicht daheim bei meinen Eltern gewesen. Zwangsläufig hatte ich nun auch den Geschmack des arabischen Kaffees auf der Zunge. Schlagartig war etwas wieder da, sehr präsent, von dem ich überhaupt nicht gewusst hatte, dass ich es lange entbehrt und auch vermisst hatte.

Mokka vertrage ich gut, auch nachts, egal ob griechisch oder arabisch. Mit Espresso ist es ähnlich. Und so genoss ich erstmals einen griechischen Mokka, landete irgendwann frühmorgens im Bett und schlief wunderbar.

Rückblickend frage ich mich manchmal, ob dies bereits der Beginn meiner Mokkamorphose zum Araber war. Von der ich allerdings in den nächsten zwanzig Jahren nichts weiter mitbekam und damals nicht im Entferntesten ahnen konnte, dass sie weitere zehn Jahre später auch ein Intermezzo als Türke einschließen würde…

Und obwohl ich rein äußerlich mit den Jahren meiner Ansicht nach immer weniger fremdländisch aussehe, scheine ich in den Augen so mancher Menschen genau das Gegenteil zu verkörpern.

Jedenfalls lassen sie im Umgang mit mir zuweilen erhöhte Sensibilität erkennen. Und im Bemühen, Fettnäpfe tunlichst zu vermeiden, stolpern sie dann umso unerwarteter hinein.

Beispielsweise hatte ich in einem beruflichen Zusammenhang eine interessante Bekanntschaft gemacht. Aus dem obligatorischen Small Talk entwickelte sich ein intensiveres Gespräch, das schlussendlich in eine private Einladung mündete. Gern hatte ich diese angenommen.

Einige weitere Gäste sind bereits anwesend, als ich eintreffe. Der Gastgeber reicht Prosecco zur Begrüßung. Als die Reihe an mir wäre, zögert er plötzlich.

„Und was trinken Sie? Also, grundsätzlich?“

„Wie meinen Sie das?“

„Na ja, so… kulturell bedingt halt.“

Ich muss an meinen Vater denken. Wie er, noch nicht allzu lange in Deutschland und mit hiesigen Sitten und Gebräuchen nicht vertraut, um Kenntnis und Verständnis bemüht, die Stammtischbrüder seines zukünftigen Schwiegervaters nach der Kultur ihrer Heimat befragte. Immer wieder erzählte er mir amüsiert, aber auch leicht befremdet, wie darauf ein im traditionsreichen Schützenverein aktives Mitglied sein dortiges Treiben und die örtlichen Gepflogenheiten für ihn auf die simple Formel reduzierte: ‚Pass auf: Ein Bier, ein Korn – das ist unsere Kultur!‘

In meiner Jugend haben wir dem ersten Teil zweifellos auch einiges abgewinnen können.

„Kulturell bedingt habe ich früher viel Bier getrunken.“

„Bier?“

„Unmengen.“

„Was Sie nicht sagen!“

„Ich komme aus dem Sauerland. Raue Gegend, robustes Umfeld, herbes Bier: Iserlohner Pilsener.“

„Iserlohner…?“

„Auf Dauer kein Genuss. Definitiv keine Weingegend. Im Laufe der Jahre habe ich eine Vorliebe für Grauburgunder aus der Pfalz entwickelt.“

„Grauburgunder – tatsächlich?“

„Ja, wir haben da vor ein paar Jahren einen ganz hervorragenden Winzer entdeckt. Altes Weingut… Aber ein Glas von Ihrem Prosecco nehme ich auch gern.“

Türkisch für Nicht-Araber (5)

Dann kommt der Dienstag. Und die Lehrküche.
Und ich bin allein.
Kein Yılmaz, kein Emre, keine Melek oder Ayşe.
Kein Kamil, kein Mounir, keine Fatou. Nicht mal
ein Jean-Luc. Ötzi, „der Herr Ötztürk", ist auch
nicht da. Der Clash der Kulturen ist der Zusam-
menprall von Schwaben und restlicher Welt, die sich
allein in meiner Person konkretisiert. Denn inter-
kulturell, daran besteht kein Zweifel, ist an diesem
Tag einzig und allein – meine Teilnahme. Also ich.
Ich bin an diesem Dienstag auch der einzige Mann.
Die übrigen sieben Teilnehmer sind schwäbische
Frauen. Ohne offensichtlichen Migrationshinter-
grund. Dafür mehrheitlich mit deutlich sichtbarem
Hüftgold. Ich bin auch der einzige Neue in der
Gruppe.

„Grüß Gott!", werde ich begrüßt. „Sie sind der Herr ...?"

„Shaheen."

„Sahien. Iss des Türkisch?", fragt die Diätassistentin.

„Es heißt Shaheen. Und es ist Arabisch."

„Aha. Herr Sahien, kennad Se Kässchbäddzla? Mir machet nämlich heut Kässpätzle. Und Flädlesupp. Das sind original schwäbische Gerichte", erläutert mir die Diätassistentin, deren Berufsbezeichnung ich in diesem Kontext gewagt finde, wobei sie zu einem interkulturellen Kamikazeflug zwischen hochdeutscher Artikulationsanstrengung und mundartlicher Direktheit abhebt.

„Aber die stehen doch morgen ohnehin auf dem Speiseplan!", merke ich an.

„Oinawäg. Des hennd mir letzte Woch so beschlosse khedd. Un' drüber abgestimmt! Und ich habe jetzt alles vorbereitet und die entsprechenden Zutaten."

Na sischer dat, Mariesche, un isch sull dä janze Dress jeneeße, denke ich und sage:

„Ich dachte, es gäbe hier was Exotisches, Nasi Lemak vielleicht oder wenigstens Aloo Gobi."

„Noi, sowas machet mir hier nedd. Des musch ja auch für alle passen, verstehet Se? Haben Sie irgendwelche Einschränkungen? Mir liegt von Ihnen nichts vor."

118

„Sie meinen jetzt doch wohl nicht mein Yedi-Günlük-Gida tüketim protokolü?"

„Wie meinet Se?"

„Sieben-Tage-Verzehrprotokoll", grummele ich.

„I han g'meint, könnet Se des alles essen? Oder etwa
nicht?", fragt sie und drückt auch mir eins der von
„chefkoch.de" ausgedruckten Rezepte in die Hand.

„Aus kulturell-religiös-politisch-ideologisch-weltan-
schaulichen Gründen…"

„Bitte? – Am besten ist wohl, Sie helfen beim Salat.
Man isst grünen Salat dazu."

„…oder aus medizinischen? Ökotrophologischen?
Ernährungsphysiologischen?"

„Was? I han g'meint… Ich meine, Sie haben damit
jetzt kein Problem – oder?"

Doch.

Ich habe ein Problem damit.

Denn erstens habe ich den Eindruck, dass mein elementares Bedürfnis, verstanden zu werden, speziell
in einem Arzt-Patienten-Verhältnis, gelinde gesagt
ignoriert wird, zweitens habe ich keine Lust, zweimal hintereinander des Mittags fette schwäbische
Kässpätzle zu mir zu nehmen, und drittens weiß
ich nun noch viel weniger, was diese Maßnahme zur
Behebung meiner Verspannungen beitragen soll.

Und während Biggi und Daggi und Uschi und Frieda
und Katja und Edith und Gisela sich eifrig schwät-

zend ans Werk machen – schwäbisch, also quasi interkulturell für mich hochdeutschen Ausländer, der ich mitunter nur schwer verstehe, worum es geht; die Konsistenz des Teigs wird diskutiert und wie man ihn dann ins kochende Wasser schabt, „vom Schbäddzlesbredd, woisch!", dann offenbar Kinderkrankheiten, ich höre was von Masern, und schließlich eine mir unbekannte Fernsehserie –, denke ich wehmütig an gemeinsames Kochen in Köln.

Nach dem Essen fühle ich mich geschafft.
Sinnigerweise sieht mein Therapieplan just an diesem Tag unmittelbar im Anschluss eine „Traumreise" vor. Bei dieser Entspannungsübung liegen die Teilnehmer auf dem Rücken, mit einer leichten Decke zugedeckt, schließen die Augen, lauschen einer sanften Stimme, die eine Situation vorgibt, um sich ganz der wohltuenden Wirkung der in ihrer Fantasie entstehenden Bilder zu überlassen.
Ich bemühe mich redlich, eine beruhigende Strandszenerie zu imaginieren, mich auf ein sanftes Wellenrauschen zu konzentrieren, aber die Kopfkamera wackelt, das Bild rutscht aus dem Blickfeld, das Wohlgefühl entgleitet mir.

Es ruckt an meiner Schulter.
„Aufwachen!"
„Was? Hier! Wer…?"

„Sie schnarchen!", tadelt die Therapeutin.

„Bitte was? Was hab' ich?"

„Sie sind eingeschlafen und schnarchen. Sie stören die anderen. Das geht so nicht. Sie sollten hier schon mitarbeiten."

Sehr träge schlurfe ich zu meinem Schließfach, um dort – wie befohlen! – einen Blick hineinzuwerfen. Tatsächlich liegt da ein Blatt Papier. Post von der Therapieplanung, auf Deutsch. Mein geänderter Plan für den kommenden Tag: Ich soll mich um zehn Uhr zum Ultraschall und weiteren Untersuchungen einfinden. Und zwar nüchtern! Zuvor aber starte ich wieder „Aktiv in den Tag", den ich gleich anschließend dynamisch mit Ergometertraining fortsetzen werde. Und das alles ohne Frühstück. Scherzkekse, denke ich. Erst werde ich schwäbisch gemästet und dann lasst ihr mich laufen und strampeln und hungern. Aber Lamentieren ist sinnlos, ändern lässt sich dieser Strafkolonie-Ablauf nicht.

Orientalischer Humor –
Comedian ohne Übersetzer

Ich habe immer gern gelesen.
Und schon sehr früh mit dem Schreiben begonnen.
Mein Vater erzählte immer, dass ich mir bereits als
Vierjähriger Geschichten ausdachte und ihm diktier-
te. Auf seinem Schoß sitzend forderte ich ihn auf:
„Schreib!" Ich selbst kann mich kaum daran erinnern.

Meine Erinnerungen an eigene Texte setzen ein, als
ich bereits Schreiben gelernt hatte und, als Grund-
schüler, einschlägige Gebrauchslyrik verfasste: Rei-
me anlässlich runder Geburtstage von Eltern und
Großeltern. Es folgten als Gymnasiast – aus heutiger Sicht vermutlich hochnotpeinliche – englische
Songtexte, von denen es immerhin manche zu einer
Vertonung und einer als Song sogar bis auf die De-
mo-Kassette einer befreundeten Band schaffte, die
Herausgabe einer Familienzeitung, Mitarbeit an der
Schülerzeitung und schließlich auch Gedichte.

Ein Gedicht war einfach. Ich brauchte dazu nur einen tollen Satz. Den schrieb ich konsequent klein, zerhackte ihn in seine Bestandteile, machte aus jedem einzelnen Wort einen Vers – fertig war das Gedicht. Beispiele für dieses Vorgehen gab es en masse, nicht zuletzt im Unterricht. Befeuert wurden meine Versuche, als wir im Deutsch-Leistungskurs moderne Lyrik durchnahmen. In jugendlicher Naivität und Unbedarftheit war ich der Ansicht, das könne ich nun aber wirklich auch.

Das war natürlich maßlose Selbstüberschätzung, aber so fing ich an. Den simplen Ein-Satz-Gedichten und allzu naheliegenden Wortspielereien folgten alsbald die Unzufriedenheit mit der Begrenztheit meiner Ausdrucksmöglichkeiten und ein kritischerer Umgang mit Sprache. Ermutigung erfuhr ich durch die Entdeckung und Lektüre von Jörg Fauser. Auch die Gedichte Uli Beckers waren eine starke Inspiration. Sieh mal einer an, dachte ich, auch so kann also Literatur, kann moderne Lyrik aussehen. Ich blieb am Ball und schrieb weiter – und mit der Zeit wurde tatsächlich was draus.
Aber außer meinem engsten Freundeskreis erfuhr kaum jemand davon. Während meiner Schulzeit veröffentlichte ich kein einziges Gedicht, nicht mal in der Schülerzeitung, deren Chefredakteur ich schließlich war. In dieser Eigenschaft ermöglichte

ich lieber Mitschülern die Publikation ihrer Texte. Ich selbst fühlte mich noch lange nicht so weit. Erst mit Beginn des Studiums und dann gegen Ende der achtziger Jahre hielt ich meine Gedichte für so gut, dass ich sie auch, nunmehr aber unbedingt, veröffentlichen wollte.

Das gelang mir auf dem von vielen Nachwuchsautoren beschrittenen Weg, der im vordigitalen Zeitalter über Publikationen in Anthologien, Kalendern und Zeitschriften führte, und mir schließlich meinen ersten öffentlichen Auftritt in Köln einbrachte. Und der war zugleich eine Rundfunkaufzeichnung des WDR. Unter der Überschrift „Ausrufe-Zeichen – Lyrik im Kölner Raum" war ich gemeinsam mit fünf Kolleginnen und Kollegen eingeladen, meine Gedichte zu präsentieren. Und das überdies gegen ein für mich damals fürstliches Honorar.
Mein Name hat bei dieser Veranstaltung nur insofern eine Rolle gespielt, als der Moderator des Abends vorab die korrekte Aussprache wissen wollte. Meine Herkunft beschränkte sich auf die Nennung meines Geburtsortes und Geburtsjahres und wurde, wie bei allen anderen Mitwirkenden auch, nicht weiter thematisiert. Was allein zählte, waren die Texte. Und meine waren für so gut befunden worden, dass ich sie nun im Kreise von meiner Ansicht nach lange etablierten Autoren, die alle bereits

Bücher in teils renommierten Verlagen publiziert hatten, vor Publikum lesen durfte. Und später würde ich damit auch im Radio zu hören sein!

Mein Gott, ich war ganz schön aufgeregt!

Nach bestandener Feuertaufe vor einem recht großen Auditorium fühlte ich mich beinahe berühmt. Meine Karriere als Dichter hatte begonnen! Die ganze Welt sollte es wissen! Immerhin würde im gesamten Sendegebiet des WDR erstmals von mir zu hören sein.

Mein Lorbeer wurde wenige Wochen später geschreddert.

Und zwar genau von der Institution, der ich ihn zu verdanken hatte. Voller Stolz verfolgte ich etliche Wochen später daheim am Radio die Ausstrahlung der Aufzeichnung. Ich fand mich gar nicht mal so schlecht. Klar, sprechtechnisch ließe sich da eine Menge verbessern, aber schließlich war das eine echte Premiere. Ich war mehr als nur zufrieden. Bis das Ende der Sendung erreicht war und die Abmoderation im Studio erfolgte.

„Sie hörten die Aufzeichnung einer öffentlichen Veranstaltung…" Blablabla. „…mit Gedichten von Arnold Leiffert, Arnold Shaheen und…"

Was?

Was hat der gesagt?

Ich hatte die ganze Sendung auf Kassette aufgenommen, drückte heftig die Stopp-Taste und spulte augenblicklich zurück. „…mit Gedichten von Arnold Leiffert, Arnold Shaheen…"

Nein! Noch einmal zurück. Play: „…Arnold Shaheen…"

NEIN!

Doch: Arnold Shaheen.

Ich war fassungslos, ja, regelrecht erschüttert. Offensichtlich hatte man dem Studio-Moderator falsche Informationen gegeben. Oder hatte ihn mein Vorname verwirrt und er sich einfach bloß versprochen? Aber wie konnte das sein? Erneut hörte ich mir meine Aufnahme an. Ohne Schwankung oder Verzögerung in der Stimme, ohne den geringsten Anflug von Unsicherheit oder Zweifel und ohne sich zu korrigieren sprach er präzise und bestimmt: „…Arnold Leiffert, Arnold Shaheen…"

Das durfte doch wohl nicht wahr sein!

Die Sendung sollte in der kommenden Woche in einem anderen Programm wiederholt werden. Umgehend rief ich beim Sender an und ließ mich in die Redaktion verbinden.

„Sie haben gerade einen falschen Namen gesendet, der muss dringend korrigiert werden", machte ich den zuständigen Redakteur auf den Fehler aufmerksam.

„Das ist unmöglich", meinte der, nachdem er die relevanten Unterlagen hervorgekramt hatte. „Das ist ja jetzt bereits fertig produziert. Das lässt sich nachträglich nicht mehr ändern."

„Aber das ist falsch! Ich heiße nicht Arnold!"

„Nicht Arnold?"

„Nein!"

„Wie denn dann?"

„Amir. Amir Shaheen!"

„Aber ein Arnold war auch dabei!"

„Ja, sicher. Arnold Leiffert.

„Ja, der steht hier. Hm, zweimal Arnold ist ungewöhnlich…"

„Und Arnold Shaheen erst!", pflichtete ich bei.

„Das hätte der Kollege doch merken müssen!"

„Jetzt, wo Sie's sagen…"

„Und was machen wir jetzt? Das soll nächste Woche wiederholt werden, das kann so nicht bleiben!"

„Wie gesagt, da können wir nichts mehr machen. Der Sprecher, der die Moderationen hier im Studio eingesprochen hat, ist nicht im Hause. Außerdem wäre das viel zu aufwendig nur wegen eines Vornamens…"

„Nur ein Vorname?! Zu aufwendig? Aber der ist falsch! Ich heiße nicht Arnold!"

„Tja, hm… Aber der Moderator der Veranstaltung sagt es doch richtig. Also, bei der Live-Moderation, wenn Sie dran sind und Ihre Texte lesen, ist doch alles korrekt, oder?"

„Ja, schon, aber…"

„Sehen Sie, dann ist das ja gar nicht so schlimm! Ihr Nachname ist auch richtig. Und das Honorar geht auch auf das richtige Konto, da brauchen Sie sich keine Sorgen zu machen."

„Darum geht es doch gar nicht. Ich heiße nicht…, ich meine, Arnold Shaheen! Ich bitte Sie, das ist falsch, falsch, einfach völlig falsch!"

„Ja, das ist sehr bedauerlich. Aber da können wir jetzt wirklich nichts mehr dran machen. Außerdem fällt das bestimmt kaum auf, das ist ja bloß der Studioabspann. In der eigentlichen Aufzeichnung werden Sie ja korrekt angesagt. Ich bitte um Verständnis."

Und so brachte ich unter beinahe körperlichen Schmerzen und dem heiligen Schwur, nie wieder diesen beschissenen Sender auch nur einzuschalten, so viel Verständnis auf, dass dem jungen Nachwuchslyriker Arnold Shaheen eine kurze Karriere beim WDR ermöglicht wurde, der ihn noch ein zweites Mal unkorrigiert sendete, bevor die Welt diesen Namen nie wieder hörte.

Wie man Amir mit Arnold verwechseln kann, ist mir schleierhaft. Was mir aber bis heute nicht in den Kopf geht, ist der Umstand, dass niemandem im Sender dieser Fehler oder Versprecher aufgefallen sein soll und niemand auf sofortige Korrektur gedrängt hat: der Sprecher nicht, der Tontechniker nicht, der verantwortliche Redakteur nicht. Kaum zu glauben, dass die alle was an den Ohren haben, wenn sie beim Rundfunk arbeiten. Ich bin sicher: Hassan Böll wäre nicht gesendet worden, nie und nimmer.

Sieh es positiv, sagte ich mir schließlich, sie haben dich zu einem der ihren gemacht! „Die Zunge ist die Übersetzerin des Herzens", sagt ein arabisches Sprichwort.

Schwer enttäuscht, aber nicht entmutigt, habe ich weiter geschrieben. Und zwei Jahre später, im Herbst 1996, erschien endlich ein erster Lyrikband unter meinem eigenen Namen. Eigentlich mehr ein Heftchen von vierzig Seiten mit dreiunddreißig Gedichten. Mein erstes Buch!

Im folgenden Spätsommer fand in Köln wieder der sogenannte Bücherherbst statt. In einem großen Zelt auf dem Neumarkt war auch mein Verlag vertreten und präsentierte seine Bücher und Neuerscheinungen. Selbstverständlich besuchte ich meine Verleger an ihrem Stand. Interessierten Besuchern, die die ausliegenden Bücher betrachteten, empfahl ich schelmisch meinen eigenen Band. Eine ältere Dame nahm ihn zur Hand, blätterte darin, las etwas und meinte, davon habe sie schon gehört.

Tatsächlich war mein Band mit zwei, drei anderen zusammen in einer Sammelrezension im Kölner Stadt-Anzeiger gut besprochen und ich als „frisches

Talent" gelobt worden. Sie blickte mich an, ohne in mir den Autor zu erkennen, und sagte:

„Das ist ja nicht übersetzt."

„Bitte?"

„Die Gedichte", meinte sie, „die sind ja nicht übersetzt."

„Natürlich nicht", sagte ich, „der Band ist gerade mal vor einem dreiviertel Jahr erschienen. Vielleicht gibt es später mal Übersetzungen in andere Sprachen."

„Nein, nein", sagte sie, „ich meine, diese Gedichte sind hier nicht übersetzt!"

„Äh, nein. Die, äh, sind nicht übersetzt. Nein."

Ich verstand nicht, was sie meinte und wusste nicht, was ich ihr entgegnen sollte. Nachdem sie das Buch zurückgelegt hatte und zum nächsten Stand weitergegangen war, fragte ich meine Verlegerin, die sich die Hand vor den Mund hielt.

„Was war das denn gerade?"

Unter Lachen und Glucksen klärte sie mich auf:

„Sie hat gemeint, dass deine Gedichte nicht ins Deutsche übersetzt sind", prustete sie.

„Hä? Wieso sollten sie? Meine Muttersprache werde ich wohl halbwegs draufhaben, wenn ich Gedichte schreibe!", sagte ich.

„Natürlich, aber man weiß ja nicht automatisch, dass du Deutscher bist."

Treffer. Mitten ins Schwarze.

Das war ein echtes Argument, und darüber hatte ich noch nicht nachgedacht. Weil meine bisherige publizistische Tätigkeit dazu einfach keinen Anlass gegeben hatte. Nun aber, da ich immer häufiger unter meinem Namen auch literarische Texte veröffentlichte, wurde ich auf diese – für mich völlig neue – Weise zu einer Auseinandersetzung mit meiner vermeintlichen Herkunft aufgefordert. Mochte ich mir selbst auch gar keine Gedanken darüber machen, weil meine Muttersprache und meine deutsche Identität für mich unzweifelhaft und selbstverständlich waren, offensichtlich waren sie damit natürlich keineswegs. Dass meine schriftstellerische Tätigkeit in deutscher Sprache und mein Name nicht sofort von jedem Menschen als deckungsgleich empfunden wurden, erschien mir – nunmehr bewusst darauf gestoßen – vollkommen logisch. Und Leser, tatsächliche wie potenzielle, sollten diese Auseinandersetzung durch ihre berechtigten Fragen nun wie auch künftig verstärkt an mich herantragen.

Es ist paradox: Meine arabischen Wurzeln und ebenso auch ihre Irrelevanz oder vielleicht besser ihr Ignorieren, wenn nicht sogar ihre Verleugnung während meiner Kindheit und Jugend, wurden mir nun dadurch vollends bewusst, dass ich in meiner Muttersprache Gedichte schrieb, publizierte und öffentlich vortrug. Und so erfuhr ich meine Abstammung noch einmal neu, erlebte erstmals bewusst mein Nicht-so-ganz-Deutschsein. Diese Diskrepanz hatte ich zuvor nicht gekannt, geschweige denn gespürt. Sie war ein sehr abstraktes Wissen, das für mein bisheriges Leben allenfalls geringe Bedeutung gehabt hatte. Jetzt aber wurde sie zu einer neuen Realität, meine arabischen Wurzeln waren auf einmal genauso real und konkret wie meine deutschen Wurzeln. Auch wenn ich weder Arabisch sprechen, geschweige denn lesen oder schreiben kann, noch mit arabischer Kultur, Sitten, Traditionen und Gepflogenheiten wirklich vertraut wäre.

Als mein zweiter Lyrikband erschien, war ich mir der Problematik, aber auch der Möglichkeiten bewusst, die mein Name beinhaltete. Unabhängig voneinander hatten mir mehrere Kollegen, die ihre allzu deutschen Allerweltsnamen als eher nachteilig empfanden, versichert, dass mir mit meinem Namen zumindest schon mal Aufmerksamkeit gewiss sei. Damit hätte ich eindeutig einen Vorteil, einen Wiedererkennungswert, einen USP womöglich. Ich war noch Neuling im Literaturgeschäft, solche Business-Denke war mir fremd.
Aber es leuchtete mir sofort ein, und ich war einverstanden damit, mich, sofern erforderlich, auch als Ausländer zu begreifen. Oder zu verkaufen. Aus rein pragmatischen Gründen, also werblichen,

verkaufsfördernden. Lieber ‚übersetzt' als einge-deutscht – um den Preis des eigenen Vornamens! Wenn man mir beispielsweise die Möglichkeit er-öffnet, aus meinen Büchern zu lesen, dann werde ich das ganz sicher nicht ablehnen. Das gehört zum Geschäft und hat ja auch was mit Professionalität zu tun. Selbstverständlich war und ist mir aber wichtig, dabei keine Unwahrheiten zu verbreiten.

Und so kam es, dass mich eine sehr engagierte Buch-händlerin anrief, die eine Veranstaltung mit dem Titel „Heimat oder Fremde? – Literatur ausländischer Au-toren in Deutschland" in ihrer Buchhandlung organi-sierte und mich dazu einladen wollte.
„Ich bin Deutscher!", stellte ich klar.
„Aber Sie haben doch ausländische Wurzeln."
„Na ja, meinen Vater. Ich bin hier geboren und groß geworden und vollständig deutsch sozialisiert. Meine Texte berühren die Thematik eigentlich nicht so richtig."
„Das macht doch nichts. Ihr Vater ist – Iraner?"
„Palästinenser."
„Sehen Sie!"
„Na ja, ich mag mir keine Schuhe anziehen, die mir nicht passen. Wenn das für Sie kein Etiketten-schwindel ist, dann soll's mir recht sein."

Das war es für sie nicht, und so war wenig später folgende Ankündigung im Flyer zur Veranstaltung zu lesen:

Wir freuen uns an diesem Abend drei AutorInnen ausländischer Herkunft vorstellen zu können, die in Deutschland leben und schreiben. Sie alle sind aus unterschiedlichen Gründen in Deutschland. Ihr Werk ist beeinflusst von ihrer Heimat und den Eindrücken ihres Lebens bei uns.

Das kann ich mit einigem Recht wohl so für mich in Anspruch nehmen. Der Grund, warum ich in Deutschland bin, ist meine Geburt. Sowie der Umstand, dass ich bislang keinerlei Veranlassung hatte auszuwandern. Mein Werk ist zweifellos beeinflusst von meiner Heimat: meinem Alltag in Deutschland nämlich und meinen Eindrücken vom Leben wie ich es hier erlebe.

Abgesehen von meiner individuellen Sicht und Bewertung der Dinge und natürlich meiner eigenen Wortwahl und Bildsprache, dürften sich meine Eindrücke nicht sonderlich von denen anderer Menschen meines Jahrgangs oder meiner Generation und mit einer vergleichbaren Sozialisation unterscheiden. Zu denken, dass ich den Alltag in Deutschland möglicherweise gar nicht als Deutscher erleben würde, sondern als Deutscher „ausländischer Herkunft", wie es im Jahr 2000 noch formuliert wurde – also als Autor mit Migrationshintergrund, wie man heute sagen würde –, ist mir völlig fremd. Um nicht zu sagen: höchst befremdlich.

Einige Jahre später war es problemlos möglich, sich im Internet umfassend über meine Person und mein Werk zu informieren. Wer heute meinen Namen googelt oder direkt bei Wikipedia sucht, wird unmissverständlich informiert:

Amir Shaheen (* 28. April 1966 in Lüdenscheid) ist ein deutscher Schriftsteller.

Das ist quasi offiziell. Und lässt sich im Handumdrehen eruieren. Aber wie hatte schon meine damalige Verlegerin richtig erkannt? Man weiß es nicht automatisch, wenn man meinen Namen hört. Und der löst nun mal Assoziationen aus, die in die Irre führen.

Offenbar ist meine Abstammung sogar in einem derart hohen Maße ursächlich dafür, Menschen gründlich zu verwirren, dass dies auch dann geschieht, wenn sie mich sehen und hören. Oder sogar direkt vor mir stehen. Nach Lesungen und Veranstaltungen, an denen ich mitgewirkt oder die ich als Zuhörer besucht habe, werde ich immer mal wieder darauf angesprochen. Einmal, so stellte sich heraus, meinte mein Gegenüber tatsächlich, ich sei Navid Kermani. Ein anderes Mal dämmerte mir erst recht spät im Laufe eines sehr freundlichen Gesprächs, dass mein Gegenüber mit seinen wertschätzenden Einlassungen gar nicht mich meinte – sondern Rafik Schami.

Kermani, Schami, Shaheen. Mich selbst in diese Reihe zu stellen, wäre vermessen. Ich tue es hier auch nur zum Zwecke der Vergleichbarkeit der Namen, deren Verwechselbarkeit nun wirklich nicht nahe liegt. Und Sie werden es kaum glauben, aber wir sehen uns alle drei auch überhaupt nicht ähnlich.

Als 2013 *Noch zweimal einpacken bis Südterrasse,* mein satirisch überspitzter Erfahrungsbericht über einen Umzug in Köln erscheint, besteht kurz darauf die Möglichkeit, das Buch anlässlich einer kleinen regionalen Buchmesse vorzustellen – in einer Gegend, in der ich nicht gerade bekannt bin. Der Eröffnungsabend steht unter dem Motto „Literatur und Comedy".

„Hast du Lust da zu lesen?", fragt mein Verleger, der an der Messe teilnehmen und dort auch mit einem kleinen Stand vertreten sein wird.

„Aber klar doch! Und wenn es hilft, Bücher zu verkaufen, dann bin ich ab sofort Comedian."

Der Verlag schickt die benötigten Informationen zum Buch, meine Vita und mein Foto an die Veranstalter. Die allabendliche Veranstaltungsreihe trägt den Titel „Frisch aufgetischt: Saisonales mit

Beilage", und diese Beilage soll am ersten Abend also „Comedy" sein.

Das passt schon, denke ich, lustig genug ist das Buch ja. Spätestens bei der Baumarkt-Episode mit dem Hahnlochstopfen hat das Publikum ganz sicher was zu lachen.

Als ich mich Wochen später, kurz vor der Abfahrt, über Adresse und Lage der Örtlichkeiten und die Anfahrt mit Bahn und Bus informieren will und dazu im Internet die Website der Messe aufrufe, finde ich die Veranstaltung folgendermaßen angekündigt:

Es darf gelacht werden! Beim Comedy-Abend auch gerne laut. [...] Amir Shaheen würzt den Abend mit einer Prise orientalischem Humor aus seinen druckfrischen Umzugsgeschichten.

Oh, Shit, denke ich: Wie geht denn orientalischer Humor?

Geplant ist auch ein Gespräch auf dem Podium mit allen Autoren, die den Abend bestreiten. Bei der Vorbesprechung vor Ort mache ich daher die Veranstalter und das Moderatoren-Duo, das durch den Abend führt, auf die etwas irreführende Ankündigung aufmerksam.

„Ich will Ihre Erwartungen nicht enttäuschen: Von orientalischem Humor verstehe ich so viel wie eine Schildkröte von Seiltanz. Ich lese einfach ein Kapitel aus meinem Buch, okay?"

„Ja. Ja, sicher. Entschuldigen Sie, wir hatten gedacht... Weil Ihr Name...?"

„Ich bin aber Deutscher", sage ich.

Der Reihe nach begrüßt der Moderator die Kollegen, die sich auf der Bühne eingefunden haben. Geplant sind kurze Gespräche mit allen, bevor jeder aus seinem neu erschienenen Buch liest. Neben mir sitzt mein Verleger, der ebenfalls kurz interviewt werden soll.

Die unzweifelhaft deutschen Kolleginnen und Kollegen, zumindest ihren eindeutigen Namen nach zu urteilen, hat der Moderator bereits der Reihe nach vorgestellt und wendet sich nun als letzten in der Runde uns beiden zu. Nach der Überleitung und Sätzen zum Verlag, dessen Programm und meinem Buch will er uns dem Publikum nun auch namentlich bekanntmachen.

„Herzlich willkommen Moham-... Entschuldigung! Masch-... Nein!", setzt er an, gerät ins Stocken und verheddert sich zusehends.

„Herzlich willkommen, ähm... Ma-, Mo-... Masch-..."

Was soll das werden, frage ich mich, die Hinführung zu orientalischem Humor? Dem Comedy-Charakter des Abends wird er damit zweifellos, wenn auch unfreiwillig, gerecht.

„Hach, ich glaub, ich krieg das jetzt grad einfach nicht... Könntest du...?", bittet er seine Co-Moderatorin um Unterstützung, die rechts außen neben mir Platz genommen hat.

Etwas überrumpelt, aber beherzt hebt diese an:

„Begrüßen Sie mit uns Mos-... äh, nein, Entschuldigung, Mahit Modi-...", stammelt und stolpert auch sie, und ich springe ein:

„Madjid Mohit und Amir Shaheen."

„Danke! Jetzt könnten wir wirklich einen Arabisch-Dolmetscher gebrauchen!", versucht sie die Situation zu retten.

„Der würde uns bloß gar nichts nützen", sage ich, „denn mein Verleger ist Perser – und ich spreche kein einziges Wort Arabisch."

Türkisch für Nicht-Araber (6)

Pünktlich finde ich mich am folgenden Morgen in der Sporthalle ein, spiele – eine neue Trainerin, keine Türkin, kennt unsere Namen noch nicht – mit Yılmaz das Şahin-Shaheen-Wer-ist-wohl-wer?-Spiel. Mit der türkischen Sprachkompetenz im Hause scheint es nicht weit her zu sein, wenn die schon mit Namen Probleme haben, denke ich. Danach genehmige ich mir entgegen der Anordnung eine Tasse Tee im Frühstücksraum und schmiere mir zwei Brötchen für später.

Hungrig strampele ich sodann die von mir verlangten Kilometer im geforderten Schwierigkeitsgrad ab. Nicht gerade allerbester Laune und alles andere als fit hechele ich auf mein Zimmer, unter die Dusche und sodann weiter zum Ultraschall.

Ich klopfe an der angegebenen Tür und werde prompt hereingebeten.

141

„Guten Morgen. Shah-"

„Ein Mann!"

Ein mir bislang nicht bekannter Arzt erhebt sich von seinen Stuhl, strahlt mich an und empfängt mich überaus frohgelaunt. Fast scheint mir, ihm ist geradezu zum Lachen zumute, als ich den Raum betrete.

„Ich weiß schon, wo der Fehler liegt!", ruft er munter, noch bevor ich überhaupt Gelegenheit hatte, meinen Namen vollständig auszusprechen.

„Was'n für'n Fehler?"

„Herr Ahmier Sahien?"

„Shaheen, genau. Amir."

„Im Labor hat man Ihren Namen nicht eindeutig einem Geschlecht zuordnen können."

„Was…?"

„Die haben gedacht, Sie seien weiblich. Daher wurden bei der Blutuntersuchung die falschen Normalwerte zugrunde gelegt. Das gibt natürlich ein völlig verzerrtes Bild."

Na klasse, denke ich, jetzt bist du hier nicht bloß Türke, sondern hast in deiner Akte auch noch eine Geschlechtsumwandlung erhalten!

„Aber gut, dass Sie da sind!"

„Wieso?"

„Ziehen Sie sich mal aus und legen Sie sich da drüben auf die Liege. Da ist ein junger Kollege von der Uni. Herr Dornberg, jetzt kriegen Sie gleich mal was zu sehen. – Ihr Name – ist das Persisch?"

„Arabisch", sage ich, während ich bereits auf dem Rücken liege und einbalsamiert werde und mein freigelegter, gelklebender Bauch sich hörbar ins Gespräch einschaltet.

„Ah ja, der Mann hat Hunger. Na, werden Sie sich noch etwas gedulden müssen. So, Herr Kollege, jetzt passen Sie mal gut auf. Sehen Sie mal hier, hier haben Sie die Milz. Die kriegen Sie ganz gut, wenn Sie von hier rangehen. Machen Sie mal."

„Was ist mit meiner Milz?"

„Nein, kommen Sie besser von hier unten."

„Was ist mit meiner Milz?"

„Ja, genau so! Wunderbar gut zu sehen."

„Gut zu sehen?" Mein Magen knurrt vernehmlich.

„Ja, man kommt bei Ihnen sehr gut ran. So, und jetzt gehen Sie mal tiefer, tiefer, noch ein Stück, bisschen drehen, genau, hier sehen Sie sehr schön wunderbar…"

„Tschuldigung, aber was untersuchen Sie eigentlich?"

„…die Leber."

„Meine Leber? Was hat das jetzt mit meinen Blutwerten zu tun?"

„Gar nichts. Ihre Blutwerte sind völlig in Ordnung. Wie gesagt, die haben einfach Ihr Geschlecht verwechselt, weil die den ausländischen Vornamen nicht zuordnen konnten. Moment noch, bitte."

Und er fuhrwerkt weiter an mir rum und zeigt dem jungen Kollegen Handgriffe und Zugriffe und Ansätze, gibt Erklärungen, Hinweise, Erläuterungen. Mein Magen knurrt verächtlich.

„Ist ja gut, ist ja gut", sagt er dann. „Diese Gelegenheit konnten wir doch nicht ungenutzt lassen. Sie sind der erste normalgewichtige Patient in dieser Woche. Da konnte ich dem jungen Kollegen sehr gut die Organe zeigen."

„Ach…", sage ich, „kooperieren Sie mit der Interkulturellen Lehrküche?"

„Lehrküche? Was machen Sie da?"

„Kässpätzle", sage ich.

„Was? Sie können sich wieder anziehen. Und essen Sie mal was Anständiges!"

Die beiden schon etwas trockenen Semmeln aus dem Frühstücksraum sind nicht gerade das, was ich mir unter einem anständigen Frühstück vorstelle, aber immerhin kann ich sie bequem im Gehen verzehren. Denn ich bin bereits wieder in Eile. Laut Tagesplan soll ich nun bei Herrn Tütüncü vorstellig werden.

Dem Namen nach ist er der erste Türke im Hause, mit dem ich es zu tun habe. Auf dem Plan steht eine wichtige Beratung zum Thema Übergangsgeld und sonstiger Leistungen seitens der Rentenversicherung, wozu nun also meine Ansprüche zu klären und gegebenenfalls ein entsprechender Antrag zu stellen sind. Ich klopfe und werde hereingebeten.

Herr Tütüncü sieht genau so aus wie er heißt. Also, wie man sich gemeinhin vorstellt, dass einer aussehen müsste, der so heißt wie er, türkisch halt. Na dann, denke ich, heute mal die Abkürzung.

„Salam!", sage ich. „Ich sag's Ihnen gleich: Ich spreche kein Arabisch. Und Türkisch schon mal gar nicht."

„Gott sei Dank."

„Bitte?"

„Ich auch nicht so gut. Ich bin zwar zweisprachig, aber gebürtiger Schwabe."

„Schwäbisch kann ich auch nicht."

„Dann können wir ja Deutsch reden!"

„Unbedingt!", bestätige ich. „Aber sagen Sie mal, wie viele türkische Ärzte arbeiten hier eigentlich?"

„Im Moment, glaube ich, gerade keiner. Die beiden sind an andere Häuser gewechselt. Wieso?"

„Ach was. Und Ihre zweisprachigen Schreiben…?"

„Viele unserer Patienten sind türkischstämmig, deswegen machen wir das. Das hilft ungemein."

Die unvermeidbaren Formalitäten lassen sich dann ebenso schnell erledigen.

Also habe ich tatsächlich noch etwas Zeit, bis ich mich gleich mit meiner zweiten Einheit Kässpätzle innerhalb von zwei Tagen befassen werde. Mir ist schleierhaft, warum so ein Bohei um die Mehrsprachigkeit des Hauses gemacht wird, wenn allem

Anschein nach kein einziger Muttersprachler zum Personal gehört. Wie ich erfahren habe, zählt allerdings eine Reihe russischer und bulgarischer Ärzte und Therapeuten zur Belegschaft. Missmutig begebe ich mich zum Speisesaal, verzehre nachdenklich mein Mittagessen.

„Hören Sie", sage ich, als ich anschließend meiner Ärztin mit dem nichttürkischen Namen und den nicht vorhandenen Türkischkenntnissen gegenübersitze, „das war kalter Kaffee. Interkulturelle Kässpätzle! Was soll ich da?"

„Hat Ihnen nicht gefallen?"

„Ich komme aus Köln-Ehrenfeld. Da habe ich interkulturelle Erlebnisse, sobald ich die Haustür aufmache, verstehen Sie?", erzähle ich. „Jedes Mal, wenn ich dort beispielsweise mit meiner Kollegin Blanka Beirut auf der Venloer Straße essen gehe oder auch nur in einem Café einen Espresso trinke, ist das interkultureller als dieser schwäbische Käse."

„Hat es Ihnen nicht geschmeckt?", will Frau Doktor wissen.

„Darum geht es doch gar nicht!"

„Gefällt Ihnen nicht? Ist eine Bereicherung, glauben Sie mir!"

„Für wen?"

„Sie lernen neue Menschen kennen und gemeinsam mit ihnen fremde Gerichte."

„Mag ja sein, dass Kässpätzle für einen Ostfriesen exotisch sind. Aber welchem therapeutischen Ziel dient das denn bitte?"

„Möchten Sie nicht? Gehen Sie doch noch einmal hin! Aber wenn es Ihnen nicht gefällt, dann können Sie auch… Tanz, zum Beispiel?"

„Ja, sicher! Am besten Bauchtanz! Hören Sie, ich möchte jetzt gerne wissen, welchen Zweck Sie damit verfolgen. Ich habe wirklich keine Lust, hier den Quoten-Türken zu geben."

„Ich dachte, Sie sind Araber?"

„Ich bin Deutscher."

„Aber Sie haben einen Migrationshintergrund!"

Multioriginär –
Hassan Böll im Kursaal

Meinen Migrationshintergrund werde ich nicht mehr los.
Nicht in dieser Klinik. Nicht in diesem Land.
Nicht in diesem Leben.

Sofern es meine Herkunft und Identität betrifft, ist dagegen auch gar nichts einzuwenden. Sobald es aber meinen Alltag beeinflusst oder gar zu prägen beginnt, wird es lästig, unangemessen und unseriös. Migrationshintergrund – das klingt scheinbar harmlos. Möglicherweise soll das sogar politisch korrekt sein. Weil es – ich unterstelle: in bester Absicht – niemanden ausgrenzen, verletzen, stigmatisieren soll. Mich nicht und erst recht nicht meinen Vater. Ich nehme das zugunsten der Erfinder dieser Begrifflichkeit einfach mal an. Andere Intentionen verbieten sich ohnehin. Bemerkenswert ist allerdings, wie schnell dieses Wort Eingang in die deutsche Alltagssprache gefunden und sich in den Köpfen festgesetzt hat. Und wie häufig es völlig arglos benutzt wird, Anwendung findet – im besten Falle.

Wenn das nun mal so ist – und es ist ja objektiv der Fall – dann, überlege ich, solltest du dich nicht nur damit abfinden, sondern selber Kapital draus schlagen. Beherzter und offensiver als ich das in der Vergangenheit getan habe. Etwa in Sachen Literatur. Da könnte ich bei Stipendien oder Veranstaltungen sicherlich eine Schippe drauflegen. Mit Migranten-Vita und krasser Comedy kommt ja heute fast jeder ins Fernsehen. Da sollte doch auch ich mit Ironie und auf süffisante Weise punkten können.

Am nächsten Tag entnehme ich meinem Schließfach die schriftliche Aufforderung, mich beim Leiter der Therapieplanung, Herrn Doktor Brinckhoff persönlich, einzufinden. Und zwar unbedingt, schnellstmöglich und am besten noch heute bis 16 Uhr! Mein Zuspätkommen zu oder Abwesenheit bei einer gegebenenfalls von mir zeitgleich wahrzunehmenden Therapieeinheit gelte als entschuldigt.
Au Backe, denke ich, das ging fix. Ich mutmaße, die persönliche Einladung ist wegen meiner Renitenz hinsichtlich der „Interkulturellen Lehrküche" erfolgt und erwarte eine Art Belehrung bezüglich

Mitwirkens des Patienten zwecks Reha-Erfolg. Bis zum Atemspaziergang bleibt mir noch ausreichend Luft, also steuere ich schnurstracks zum Büro von Dr. Brinckhoff.

„Herr Shaheen! Guten Tag!", begrüßt mich der oberste Therapieplaner. „Wie schön, dass Sie es einrichten konnten. Bitte! Nehmen Sie doch Platz! Kaffee?"

„Nein, danke. Ich trinke keinen Kaffee."

„Wasser?"

„Gerne."

„Herr Shaheen, warum ich Sie sprechen wollte: Ich habe ein bisschen im Internet über Sie gelesen. Wir haben nicht häufig Schriftsteller hier. Man bezeichnet Sie auch als den Kishon von Altena, richtig?"

„Das stand vor ein paar Jahren mal in der Zeitung…"

„Sie schreiben ja auch amüsante Geschichten."

„Wie man's nimmt."

„Also, ums kurz zu machen: Wir versuchen immer, unseren Patienten den Aufenthalt hier so angenehm wie möglich zu gestalten und auch selber ein kleines Freizeitprogramm anzubieten. Viel geht da nicht, das sprengt unsere Möglichkeiten. Wir haben die Lehrküche, in der auch außerhalb der Therapiezeiten schon mal Kochkurse angeboten werden."

„Dacht' ich's mir doch…"

„Freut mich, dass Sie das auch so sehen. Denn wo Sie nun schon mal hier sind… Ich dachte, Sie könnten vielleicht auch mitwirken. Wie wäre es, wenn Sie einen Abend bestreiten?"

„In der Lehrküche…?"

„Im Versammlungsraum. Sie lesen aus ihren Werken. Selbstverständlich werden wir das honorieren – in einem üblichen Rahmen, da werden wir uns sicher einig. Wie wär's? Sie sind ja noch ein bisschen bei uns. Ich weiß, ich hab Sie jetzt damit überfallen. Aber denken Sie mal drüber nach und geben Sie mir spätestens morgen Bescheid. Entschuldigen Sie mich bitte, ich habe jetzt einen Termin. Also, ich hoffe, Sie enttäuschen mich nicht."

Dr. Brinckhoff geleitet mich zur Tür und verabschiedet mich formvollendet.

Etwas verdutzt trabe ich auf mein Zimmer. Ich muss mich umziehen für den Atemspaziergang im Wald hinter dem Klinik-Areal.

An der frischen Luft erscheint mir Dr. Brinckhoffs Vorschlag sinnvoll und akzeptabel. Und wenn sie auch noch dafür bezahlen… Ich bin ja ohnehin hier. Ich werde zusagen.

Das tue ich, sobald wir aus dem Wald zurückkehren, indem ich eine entsprechende Notiz für ihn in seinem Büro hinterlasse.

Am folgenden Vormittag finde ich erneut eine Nachricht im Schließfach. Dr. Brinckhoff bedankt sich und legt mir überdies – „Zu Ihrer Information. Vielleicht interessiert es Sie. In diesem Falle: Viel Erfolg!" – eine Ausschreibung des örtlichen Kulturamtes für das kommende Jahr bei. Gesucht werden fremdländische deutschsprachige Autorinnen und Autoren für eine multikulturelle Veranstaltungsreihe im Kursaal. „Bücher mit Migrationshintergrund" soll das Motto lauten, und weiter lese ich staunend: „Viele Länder sind Einwanderungsländer. Mal mehr, mal weniger, Deutschland gerade wieder etwas mehr. Für die Literatur sind die kulturellen Verschiebungen ein kostbarer Urstoff." Und danach werden tatsächlich exemplarisch „fünf migrantische Romane, die Literaturgeschichte geschrieben haben" aufgeführt, darunter *Kanak Sprak* von Feridun Zaimoğlu.

Na, wenn das kein Wink des Schicksals ist! Da kann ich meine Absicht gleich mal einem Praxistest unterziehen. Die Ausschreibungsbedingungen erfülle ich natürlich nur ansatzweise – meine Vita müsste ich ein bisschen türken. Und dann kommt mir eine Idee…

Zehn Monate später trete ich dem zuständigen Organisator gegenüber, einem beamteten Kulturfunktionär mit allerbesten Absichten. Veranstaltungsplakate an den Wänden, die Vorschauen renommierter Verlage gestapelt auf dem Fußboden, überquellende Bücherregale. Ein vertrautes Bild, Büroräume im rasanten Prozess von gerade noch so handhabbarer genialer Unordnung zum nicht mehr beherrschbaren kreativen Chaos.

„Salam", sage ich, „wir hatten telefoniert."

„Herr Bol-, ähm, Herr Boll-, Bollu? Hassan Bollu?"

„Böll", korrigiere ich. „Mit O-Umlaut. Nicht Otto-Emil. Wie in Motörhead."

„Böll? Ah, tja, also, Herr Böll – auf dem Foto sehen Sie ganz anders aus…"

„Da war ich unrasiert", erkläre ich den fehlenden Vollbart. „Und färben tue ich nicht mehr."

Das seinerzeit mitgeschickte Foto zeigt Murat Öztürk.

„Hör mal, Ötzi", hatte ich damals gesagt, „ich habe da was vor…" Er fand mein Vorhaben witzig und hat sofort mitgemacht.

„Hassan Böll – das ist ein Künstlername, oder?"

„Was glauben Sie? Als Arnold Shaheen trete ich schon lange nicht mehr auf."

„Und Sie sind…"

„Ich bin Araber!", erkläre ich selbstbewusst.

„Araber? Hätte ich jetzt nicht gedacht… Das hört man gar nicht. Sieht man Ihnen auch kaum an. Also, auf den ersten Blick. Und Sie schreiben auf Deutsch?"

„Ausschließlich", bestätige ich. „Auch meine Gedichte sind nach wie vor nicht übersetzt!"

„Woher stammen Sie denn?", will er wissen.

„Ich habe einen Migrationshintergrund!", erkläre ich selbstbewusst. „Ich bin multioriginär."

„Multi-was?"

„Originär."

„Multioh-? Inwiefern…?"

„Meine Urahnen waren Vertriebene. Eine Ewigkeit unterwegs. Irgendwann landeten irgendwelche Vorfahren im Libanon. Von dort sind sie nach Palästina eingewandert. Das ist ein paar hundert Jahre her. Meinen Vater zog es nach Europa, aber als ich geboren wurde, war ich Israeli. Dann wurde ich Deutscher. Und letztes Jahr sogar Türke. Ein Onkel von mir war übrigens Grieche. Ich bin multikulti, multikonfessionell, multimedial, multirabulistisch und überparteilich. Und rezeptfrei! Ich bin außerdem auch zertifizierter Multikulinarier."

„Zertifizierter Multi-, Entschuldigung?"

„Mulitkulinarier. Ich habe die Interkulturelle Lehrküche absolviert."

„Interkulturelle Küche?"

„Ja, klar!", sage ich. „Selbstverständlich. Sie werden es kaum glauben, aber ich kann sogar schwäbische Gerichte."

„Was???"

„Kässpätzle, Flädlesupp, aber ohne Fleisch! Mit grünem Salat! Man isst grünen Salat dazu. Wussten Sie das?"

„Dass Sie sich fleischfrei ernähren, ist für unsere Veranstaltungen absolut nicht relevant."

„Im Ernst jetzt? Komm' Sie, war'n Scherz. Fällt bei mir in die Kategorie ‚Orientalischer Humor'. So ähnlich wie Anekdoten mit Frischkäse."

„Verstehe! Sie sind Comedian."

„Oh nein! Nicht mehr. Ich bin jetzt Araber."

„Aus dem Libanon oder Palästina? Oder aus welchem Land jetzt?"

„Aus dem Sauerland."

„Sauerland?"

„Aber kein Terrorist!"

„Ähhm… Wir wollen mit unserer Veranstaltungsreihe den Dialog fördern und ausschließlich ausländischen Autoren ein Forum bieten."

„Das ist großartig! Deswegen bin ich ja hier."

„Ich fürchte, ich habe noch nicht so ganz verstanden, was Ihre Wurzeln sind."

„Das verwischt sich im Laufe der Geschichte. Was bleibt ist der Migrationshintergrund. Darum geht es ja auch in meinem neuen Buch."

„Mokkamorphose – Auf dem Weg zum Multikulinarier??"

„Genau. Mein Verleger ist übrigens Perser. Und haben Sie's bemerkt? In Multikulinarier steckt Arier drin. Voll krass! Deswegen schildere ich auch eine Anekdote basierend auf Jakob Arjounis uraltem Kayankaya-Witz. Ich mache das gerne am Beispiel des Namens Shaheen. Buchstabieren mit Migrationshintergrund nach dem deutschen Reinheitsalphabet von 1933 – 1945.

Da entwickele ich dann folgenden Dialog. Passen Sie auf:

»Wie heißen Sie?«

»Shaheen.«

»Können Sie buchstabieren?«

»Jawoll! S wie Sieg-«

»Siegfried?«

»Nein. Sieg Heil! H wie Hitler, A wie Arier. H wie Himmler, E wie Endlösung, E wie Endsieg. N wie – na?«

»Nationalsozialismus?«

»Nein. NIEDERLAGE!«

Wie finden Sie das?"

„Sowas können Sie doch nicht bringen! Tut mir leid, ich denke das passt nicht so ganz in unser –"

„Aber im Grunde bin ich ein hellhäutiger Schwarzafrikaner."

„Afrikaner?"

„Der weiße Neger Wumbaba!"

„Ach…"

„Selbstverständlich! Sie wissen doch: Wiege der Menschheit. Damit fühle ich mich auf das Allertiefste untrennbar verbunden. Ich bin ja auch Lyriker. Und Lyrik ist doch etwas Universelles. Meinen Sie nicht?"

„Ich – glaube, ich kann nicht ganz folgen."

„Poesie kennt keine Grenzen. Und Literatur keinen Migrationshintergrund."

Mokkamorphose: Wie ich unabwendbar Araber wurde
— Nachwort und Dank

„Reisen Sie oft in die Heimat?"

„Geht so. Alle acht Wochen, denke ich."

„Oooh… Das hätte ich ja nicht gedacht!"

„Na ja, Weihnachten, Ostern, die Geburtstage meiner Eltern, und dann auch mal Freunde treffen."

„Ja, und, ähm… Wie machen Sie das?"

„Meistens mit dem Zug."

„Ach…"

„So weit ist es ja nun nicht, gerade mal 120 Kilometer von Köln. Knapp anderthalb Stunden mit dem Auto, maximal drei mit der Bahn. Wenn nicht gerade Sturm ist oder Winter."

Mein Name ‚entlarvt' mich.

Daran ändert auch mein Reisepass nichts. Mein Name verweist auf meine Abstammung, auf meinen Vater. Und mein Vater – ist nicht von hier.

Mein Vater hat seine Heimat verlassen. Er ist aus seinem Vaterland aus- und in Deutschland eingewandert. Er ist ein Migrant. Selbstverständlich. Das ist eine unbestrittene Tatsache. Ich habe das auch immer schon gewusst. In meiner Kindheit war es aber überhaupt nicht relevant und ich kannte auch das Wort nicht. Früher war mein Vater einfach bloß Ausländer, heute habe ich einen Migrationshintergrund.

Den bekam ich mit Mitte vierzig verpasst – und habe mich noch immer nicht daran gewöhnt, dass ich für viele meiner Landsleute anscheinend kein Landsmann mehr bin, also nicht mehr so ganz. In den vergangenen fünfzehn, zwanzig Jahren haben sich die lustig-kuriosen, zuweilen absurden und auch befremdlichen Situationen und die sich daraus ergebenden Gespräche meinen Namen und die daraus abgeleitete vermeintliche Herkunft betreffend, in einem Maße gehäuft, wie es mir zuvor so nicht begegnet ist. Andere haben das sicher schon viel früher erfahren – an mir ist es, möglicherweise meiner Ignoranz oder Naivität geschuldet, weitgehend vorbei gegangen.

Um es hier noch einmal ganz deutlich zu sagen: Ich fühle mich nicht ausgegrenzt, diskriminiert, benachteiligt oder weniger respektiert. (Ausgenommen vielleicht bei der Wohnungssuche in Köln. Als Freiberufler mit arabischem Namen bin ich dabei mittlerweile so gut wie chancenlos. Wobei ich nicht zu sagen vermag, was den Ausschlag gibt: die unterstellte unsolide Einkommenssituation oder tatsächlich die Abstammung.) Ich wundere mich aber, welch kuriose Blüten eine fehlgeleitete Sensibilität und der mitunter wirklich gut gemeinte Umgang mit einem vermeintlich Fremden zuweilen, und seit einiger Zeit immer häufiger, treibt. Und der mich hier geborenen, einstmals gar potenziellen Verteidiger des Vaterlandes zum Araber macht. Und zwar mit einer Selbstverständlichkeit, wie ich sie selbst für mich niemals beanspruchen würde.

In einer aktuellen Handreichung des PEN Deutschland heißt es:

„Menschen mit Migrationshintergrund", wurde in den 90er Jahren als soziologischer Oberbegriff für Einwohner geprägt, die oder deren Eltern nicht in Deutschland bzw. nicht mit der deutschen Staatsbürgerschaft geboren worden sind. Entgegen dieser auf einen Übergangszustand abstellenden Definition wird der Ausdruck im Alltag oft benutzt, um sich reproduzierende Milieus zu beschreiben. Die Migrationsgeschichte soll gerade nicht im Laufe der Zeit in den Hintergrund treten, sondern wird in den Vordergrund gerückt. „Menschen mit Migrationshintergrund" werden „Biodeutsche" entgegengestellt: ein völkischer Begriff, in den sich zu integrieren nicht möglich ist.

Aus eigener Erfahrung kann ich das in dieser Konsequenz nicht bestätigen. Vielmehr begegnen mir überwiegend Unbedarftheit, Unwissenheit und eine

Unsicherheit und Hilflosigkeit bei der Verwendung angemessener Begrifflichkeiten. Nach wie vor gilt aber: Man darf hierzulande grundsätzlich alles sagen! Jeder hat das Recht dazu. Es kommt auf den Kontext an und auf die Absicht und: Der Ton macht die Musik! Entsprechend klingen dann Begriffe wie Ausländer oder eben Migrationshintergrund sehr unterschiedlich…

Die hier wiedergegebenen Begebenheiten, Situationen und Gespräche basieren, von einigen Details abgesehen, auf eigenem Erleben und sind – wenngleich literarisiert und um frei erfundene Orte, Personen, Situationen und Dialoge ergänzt – in ihrem Kern und ihrer Wirkung authentisch. Sie spiegeln gegenwärtige Realität in unserem Land. Und bei aller Ernsthaftigkeit der zugrunde liegenden Thematik, wollte ich darauf mit Humor antworten: Es darf gelacht werden!

Auch über „Bücher mit Migrationshintergrund". Ich hätte unter dieser schrägen Überschrift einen Beitrag zum Thema Bookcrossing erwartet. Tatsächlich aber findet sich diese Formulierung wie auch das folgende von mir geborgte Zitat nebst den „migrantischen Romanen" auf der Website des Magazins *fluter*. Mein Dank gilt daher der Bundeszentrale für politische Bildung, die das Magazin herausgibt und die Website betreibt. Nichts für ungut, ich weiß ja, es ist gut gemeint…

Darüber hinaus danke ich allen Menschen, Ämtern, Institutionen etc., die durch ihre Fragen nach meiner Herkunft, meiner Heimat, meinem Migrationshintergrund wie auch der Schreibweise meines Namens dieses Buch inspiriert und so maßgeblich dazu beigetragen haben.

Besonders danke ich Madjid Mohit, der seit meiner vage formulierten Absicht von diesem Projekt überzeugt war und nicht müde wurde, mich daran zu erinnern; Andrea Karimé für ihre Idee zum letztlich nie realisierten literarischen Dialog mit Blanka Beirut wie auch für ihren Hinweis auf die mehrfach an sie gerichtete Frage nach ihren „Büchern mit Migrationshintergrund"; Gerrit Wustmann für die wiederholte Aufforderung, das Manuskript endlich fertigzustellen, ach ja: und für den Buchtitel!; Marie Steinhoff für die gründliche Lektüre und hilfreichen Anmerkungen; Linda Volk für ihre Geduld bei den Endkorrekturen; Gabi Kuhn für die Begleitung, die Zeit, die Reisen (etwa nach und durch Griechenland, wo man uns mehrfach für in Deutschland lebende Griechen hielt, die des Griechischen nicht mehr mächtig sind…); meinem Vater Deeb A. Shaheen, der das Erscheinen leider nicht mehr erleben konnte, weil ich einfach zu lange gebraucht habe.

Amir D. Shaheen

Im Sujet Verlag erschienen

Vor uns ein Horizont
von Amir Shaheen

Lyrik

92 Seiten, 16,00 €
ISBN: 978-3-96202-138-2
1. Auflage 2024

Vor uns ein Horizont ist der insgesamt siebte Lyrikband des
Lyrikers und Schriftstellers Amir Shaheen.

Wie in seinen vorherigen Bänden bleibt Shaheen dabei meist
hart an der Realität und dem alltäglichen Geschehen. In seinem ganz eigenen lyrischen Ton, ausdrucksstark, kritisch, zuweilen provokant sowie auch mit seinem besonderen Humor
versehen, fasst er Gefühlslagen und Stimmungen in Worte.
Aufbrüche und Abschiede, verrinnende und schlecht genutzte Tage, die Zeit, die man nie hatte oder die noch bleibt,
Vergänglichkeit, Vergeblichkeit bilden abermals Eckpfeiler
seiner poetischen Betrachtungen. Daneben wagt er diesmal
auch Einblicke ins Private und verleiht persönlichen Befind-
lichkeiten Ausdruck, so etwa dem Abschied von seinem ver-
storbenen Vater..

Leuchtspuren Restlicht
von Amir Shaheen

Lyrik
1. Aufl. 2019; Klappenbroschur
184 Seiten; 14,80 €
ISBN: 978-3-96202-036-1

Amir Shaheen verfolgt die Leuchtspuren in unserer Zeit und spürt auch das Restlicht in dunkleren Tagen auf. Meere, Straßen, Aufbrüche und Abschiede, verrinnende und schlecht genutzte Tage, die Zeit, die man nie hatte oder die noch bleibt, Vergängliches, Vergebliches, Heimat oder Unbehaustsein sind wiederkehrende Bilder und Motive in dieser Sammlung. Etliche Gedichte lassen sich konkret verorten in der Gegenwart, an der Nordsee, auf einer norddeutschen Hallig oder griechischen Inseln wie auch in den Städten, in denen der Dichter lebt und sich aufhält. Jenseits der Beobachtung und Beschreibung, über Erlebtes oder Erfahrenes weit hinaus, weisen so manche Gedichte bis ins Spirituelle hinein — nicht zuletzt auch das ausgezeichnete Sediment.

Überall und morgen
von Amir Shaheen

Lyrik

75 Seiten, 12,80 €
ISBN: 978-3-933995-93-3
2. Auflage 2015

In seinen Gedichten richtet Amir Shaheen den Blick in die Weite und zugleich nach innen. Globale Krisen, gesellschaftliche Entwicklungen oder politische Ereignisse bilden dabei den Hintergrund, vor dem sich alltägliche wie auch existenzielle Fragen des Lebens stellen. Dem „Überall" der Orte und der Geschäftigkeit, der Enttäuschungen und der vertanen Chancen, der Ohnmacht und der Vergänglichkeit, stellt er ein „Morgen" zur Seite. Dieser Ausblick ist zugleich eine Besinnung auf die eigentliche Dimension des Lebens – das Hier und Jetzt.

„Düster, direkt und zugleich hochpoetisch schreibt der Kölner Dichter und Herausgeber, verzahnt seine Gedichte ineinander, greift bestimmte Bilder immer wieder auf, um sie neu zu beleuchten, es sammeln sich Abzüge und matte Polaroids des Lebens, das überall und morgen stattfindet, nur eben nicht hier und jetzt.

Gerrit Wustmann

Schließlichter
von Amir Shaheen

Kolumnen 2008-2010

2. Aufl. 2013, Klappenbroschur
112 Seiten, 12,80 €
ISBN: 978-3-944201-15-3

In „Schließlichter" reflektiert und kommentiert Werthmann, hinter dem sich der Kölner Autor und Lyriker Amir Shaheen verbirgt, aktuelle Ereignisse und Beobachtungen. Sodann formuliert er launisch-kritische, spitzfindig-hintersinnige, aber auch nachdenklich-stille, stets pointierte Kommentare. Seine Prosaminiaturen sind manchmal amüsant, zuweilen äußerst bissig, immer aber kleine Sprachkunstwerke.

» *„Die Banalitäte des Alltags verdienen Ihren Zorn", stellt indes Amir Shaheen fest. „Bitte regen Sie sich auf." Der Autor und Lektor drösselt bitterböse die immer anonymer werdenden Kontakte etwa zwischen Unternehmen, Banken, Dienstleistern und deren jeweiligen Kunden auf, bis nur noch eine Software als Ansprechpartner übrig bleibt. Den „aufgeräumten Mauerfall" nimmt er zeitgemäß aufs Korn, ebenso die 1000 Kilometer weit gereisten und damit klimakillenden Billig-Brötchen.* «
Leonberger Kreiszeitung

Ich bin kein Ausländer,
ich heiße nur so
von Amir Shaheen

3. Aufl. 2022, Klappenbroschur
174 Seiten, 14,80 €
ISBN: 978-3-96202-060-6

Satire

Wenn ein deutscher Muttersprachler einen arabischen Namen trägt, dann wirft das im Alltag berechtigte Fragen auf. Amir Shaheen schildert pointiert und geistreich, was allein sein Name bei seinen „biodeutschen" Mitmenschen in diesem Lande auszulösen vermag. Seine Erlebnisse schildert er unterhaltsam und überaus amüsant. Zugleich lädt er dazu ein, weit verbreitetes Schubladendenken und vermeintliche Selbstverständlichkeiten noch einmal kritisch in den Blick zu nehmen und Erwartungshaltungen und Vorurteile zu überprüfen.

»Diese Dialoge mit reichlich Situationskomik reizten das Publikum im KuBa zu ständig wiederkehrenden Lachsalven. [. . .] Der deutsche Autor wählte die humorvolle und überzeichnete Aufbereitung seiner autobiografischen Erlebnisse anstelle des erhobenen Zeigefingers.« - Silvia Jagodzinska, Aachener Nachrichten

»Wer sich auf diese literarische Einladung zur Revision seiner Vorurteile einlässt, wird nach der Lektüre vieles, was unseren täglichen Umgang mit „inländischen Ausländern" betrifft, anders und sensibler wahrnehmen.« - Rheinische Post/RP Online

Söhne der Liebe
von Ghazi Rabihavi

Roman
1. Aufl. 2022; Hardcover
ISBN: 978-3-96202-101-6

Gleichgeschlechtliche Liebe im Iran, Aufbegehren gegen überkommene Traditionen und Rollenklischees, Unterdrückung der politischen Opposition, Verfolgung Andersdenkender, die Gefahren der Flucht sowie Ausbeutung und Rechtlosigkeit im erzwungenen Exil, Polizeigewalt, Willkür und Folter – all diese Themen vereint der bewegende Roman Söhne der Liebe von Ghazi Rabihavi. Anhand der Geschichte von Nadji und Djamil zeichnet der Autor ein beklemmendes Bild vom Iran zu Zeiten der islamischen Revolution bis zum Ausbruch des Krieges mit dem Irak. Der seit 1995 im Londoner Exil lebende Rabihavi nimmt die Leserschaft mit auf eine erschütternde wie auch fesselnde Reise in das angespannte und explosive Klima des vorrevolutionären Iran. Gezwungen, die zunehmende Aussichtslosigkeit der sie einengenden Umgebung ihres südiranischen Dorfes zu verlassen, begeben sich die Protagonisten Nadji und Djamil in die nächstgrößere Stadt und schließlich als illegale Einwanderer ins Nachbarland. Auf ihrer Flucht begegnen sie verschiedenen marginalisierten Bevölkerungsgruppen, deren Lebensgrundlagen im Zuge der intensiven gesellschaftlichen Umwälzungen massiv erschüttert werden und die ihren Platz in den neuen sozialen und politischen Verhältnissen erst finden müssen. Söhne der Liebe, ins Deutsche übertragen von Gorji Marzban und Thomas Geldner, beleuchtet einen Wendepunkt in der Geschichte des Iran und greift zugleich universelle Fragen auf, die bis heute nichts an Relevanz eingebüßt haben.

Weltliteratur
Warum wir ein neues
Literaturverständnis brauchen
von Gerrit Wustmann

Essay
1. Aufl. 2021; Hardcover
164 Seiten; 19,00 €
ISBN: 978-3-96202-081-1

„Wo Weltliteratur draufsteht, ist Westliteratur drin."
Egal ob es um Rezensionen im Feuilleton geht, um Uni-Seminare, um Bestenlisten der ‚wichtigsten' Werke oder um die Lektüren im Schulunterricht: Das literarische Schaffen von Autor*innen aus Asien, Afrika und Lateinamerika wird meist ausgeklammert – aus Unkenntnis und vielen weiteren Gründen.
In seinem kenntnisreichen Essay zeigt der Schriftsteller und Journalist Gerrit Wustmann nicht nur, was uns dadurch alles entgeht, sondern auch, wie einseitiges Lesen unseren Blick auf die Welt verzerrt.

Gerrit Wustmann, geboren 1982 in Köln, ist freier Schriftsteller und Journalist. Er hat bislang zehn Bücher veröffentlicht und seine Gedichte wurden in zahlreiche Sprachen übersetzt. Für seine literarische Arbeit erhielt er mehrere Stipendien, außerdem den postpoetry.NRW Lyrikpreis 2012 und den Förderpreis für junge Künstler*innen des Landes NRW 2015.

Versteh einer die Deutschen
von Taqi Akhlaqi

Aus dem Persischen von Jutta Himmelreich

Erzählung
1. Aufl. 2024; Softcover mit Schutzumschlag
275 Seiten; 19,80 €
ISBN: 978-3-96202-135-1

Im Jahr 2016 kam, neben vielen Schutzsuchenden, auch ein Schriftsteller aus Afghanistan nach Deutschland. Ein Arbeitsstipendium des Vereins Heinrich-Böll-Haus Langenbroich führte Taqi Akhlaqi in die Stadt Düren.
Vor dieser Reise hatte er Europa nur im Spiegel seiner Literatur und Kunst gesehen und kannte Deutschland durch dessen Schriftsteller und Philosophen. Er verließ Kabul deshalb mit vielen schönen Vorstellungen von dem, was ihn in Deutschland erwarten würde. Unter anderem war er überzeugt, dass Deutsche, auf der Straße freundlich angesprochen, ihm aus dem Stegreif Zeilen aus Also sprach Zarathustra aufsagen könnten.

„Seine Texte erzählen von Flucht, Exil und roher Gewalt, stellen diese Momente aber immer in eine Perspektive, die den reinen Schockeffekt bricht und dahinter den – für uns – unbekannten Kontinent der Lebenswelt sichtbar macht, in der sich solche Schicksale abspielen.[...]"- Angela Schader, Berliner Künstler Programm

Taqi Akhlaqi, 1986 in Afghanistan geboren, wanderte als Kind mit seiner Familie in den Iran aus, wo er zur Schule ging. 2004 kehrte er mit seiner Familie nach Afghanistan zurück, und studierte internationale Beziehungen an einer privaten Universität in Kabul. Seine Liebe zur Literatur hat ihn in den letzten zwanzig Jahren zum Lesen und Schreiben bewegt und ihm geholfen, die Kriegsbedingungen in Afghanistan zu überleben. Für sein belletristisches Werk erhielt er eine Reihe von Preisen und Anerkennungen. Sein Debütroman „Kabul 1400" (im Original auf Farsi/Dari geschrieben), ist im August 2023 beim Borj Verlag im Iran erschienen. 2018 erschien seine Kurzgeschichtensammlung „Aus heiterem Himmel" bei der Edition Tethys in Potsdam.